Invisível

Marcusvinicius

PandorgA
NACIONAL

Invisível

ENSAIO SOBRE A EXISTÊNCIA DE DEUS ATRAVÉS DA RAZÃO

Marcusvinicius

1ª Edição

2015

PandorgA
NACIONAL

Direção Editorial
Silvia Vasconcelos
Assistente Editorial
Thaluana Meira
Preparação
Debora Donadel
Diagramação
MKX Editorial
Composição de capa
Marco Mancen
Revisão
Marcio Barbosa

Texto de acordo com as normas do Novo Acordo Ortográfico da Língua Portuguesa
(Decreto Legislativo no 54, de 1995)

Dados Internacionais de Catalogação na Publicação (CIP)
Ficha elaborada por Tereza Cristina Barros 8/7410

Marcusvinicius
Invisível : ensaio sobre a existência de Deus através da razão / Marcusvinicius. -- 1. ed. -- São Paulo : Pandorga, 2015

ISBN 978-85-8442-066-7
1. Deus 2. Filosofia brasileira 3. Filosofia da religião (ensaios) I. Título II. Título: ensaio sobre a existência de Deus através da razão

22.05.04/013-2015 CDD-199.81

Índices para catálogo sistemático:
1. Deus 2. Filosofia brasileira 199.81

2015
IMPRESSO NO BRASIL
PRINTED IN BRAZIL
DIREITOS CEDIDOS PARA ESTA EDIÇÃO À
EDITORA PANDORGA
AVENIDA SÃO CAMILO, 899
CEP 06709-150 - GRANJA VIANA - COTIA - SP
TEL. (11) 4612-6404

WWW.EDITORAPANDORGA.COM.BR

Se Deus existisse dentro da nossa realidade,
deixaria de ser Deus.

Marcusvinicius

Sumário

Prefácio

Este ensaio busca uma lógica para a existência de um Ser superior. É como tentar adivinhar as cognições que levam à crença da espiritualidade de todos. Deve-se entender que Deus, às vezes, pode significar algo simples, e, outras vezes, algo bastante complexo. Simples para aqueles que têm a iniciativa de viver em harmonia consigo e com os outros. Complexo para aqueles que não aceitam o que os seus sentidos não podem captar. Em vários pensamentos humanísticos podemos encontrar palavras que trazem uma verdade sobre existência divina. Às vezes, somente palavras bastam para um melhor entendimento humano sobre os Céus, pois elas nascem das ideias que os homens têm sobre a verdade das coisas. O homem conhece o mundo por meio de experiências e palavras. Logo, ele sempre vai querer investigar algo sobre o além-mundo e, assim, as palavras podem funcionar como experimento sobre realidades distantes das coisas deste mundo. Uma verdade a respeito desse além-mundo precisa ser dita e talvez possamos encontrá-la com o apoio da intuição, ou da investigação através das ideias. Nem sempre a inspiração pode levar o pensamento para algures, mas o trabalho contínuo e dedicado faz surgir novas nuances sobre uma verdade que talvez esteja escondida. Deus não se revela para quem não quer encontrá-lo, porém, alguns caminhos podem ser trilhados através de pequenos detalhes que podem esclarecer a existência superior. Por exemplo, sabe-se que os sonhos não revelam nenhuma verdade existencial comprovada cientificamente, mas, assim que percebemos o real por meio dos cinco sentidos, também há uma percepção dos sonhos. Na maioria das vezes, são percepções vagas, porém, sabe-se que elas existem. São percepções sem nenhuma afirmação de realidades, porém elas são sentidas. Não há como comprovar a realidade nos sonhos, mas sabemos da sua existência. É como perceber algo paralelo à realidade. Então, sabe-se que existe esse paralelo que não podemos adentrar para uma investigação mais detalhada.

Portanto, podemos afirmar a possível existência de uma linha que nos separa de uma possível outra realidade; ou a cognição de uma outra realidade espiritual. É nisso que este ensaio se baseia, sempre tentando encontrar uma lógica para a busca de algo absoluto.

O presente ensaio está dividido em três partes: "Mundo invisível", "A alma" e "Utopia", que revelam a vontade de aproximar o pensamento lógico de alguma realidade divina.

Na primeira parte, "Mundo invisível", tenta-se encontrar aspectos, que, às vezes, podem ser esquecidos pela maioria das pessoas, e que sugerem a afirmação da existência de uma realidade paralela, como, por exemplo, a função dos sentidos, que revelam o conhecimento a respeito do homem e do mundo, e a existência da intuição e sua vontade imaginativa, que consegue revelar a capacidade do homem de interferir sobre ideias e coisas de uma outra realidade. No mundo invisível, a lei é encontrar alguma subjetividade que faça aparecer verdades paralelas às verdades contínuas deste mundo, pois o homem pode trazer ao mundo realidades da sua própria imaginação. É importante reter informações que possam sugerir a existência de uma vida paralela. Um exemplo disso é a imaginação do arquiteto, que consegue retirar de um mundo invisível peças, objetos e construções e trazê-los para este mundo. Antes da realização do projeto, ele estabeleceu através de sua imaginação a ideia, que depois tornou-se realidade.

Também é importante estabelecer a função das virtudes para o aparecimento de uma ordem harmônica entre os indivíduos, para que se possa encontrar uma realidade de preceitos divinos. Um exemplo é como a justiça humana deve tentar alcançar a justiça divina para que a verdade esteja ao lado do bem. Pois a linha que separa o bem do mal pode ser bastante tênue e sensível, assim, somente aproximando-se da perfeição é que se pode ostentar uma justiça.

Já na segunda parte, "A alma", tenta-se revelar os segredos do pós-morte segundo a idealização de cada religião estabelecida hoje no mundo (catolicismo, protestantismo, espiritismo, islamismo, judaísmo, budismo, hinduísmo e umbandismo). A alma é concebida como uma parte da integração do todo (espírito). Ou seja, a alma estabelece contato somente com a visão horizontal entre todos, enquanto o espírito estabelece contato vertical com Deus. A alma está inserida entre outras almas, e o espírito está inserido em Deus.

A ideia do pós-morte de cada religião consegue levantar uma reflexão sobre a existência da alma. Há também uma reflexão sobre as virtudes e como o ser deve fazer para manter-se completamente distante do mal, pois o amor muitas vezes pode ser tido como uma influência que descaracteriza a linguagem do bem. Nem sempre quem se utiliza do amor pode ser visto como o detentor da boa moral. Sabe-se que onde há o amor (concupiscência) há a guerra.

Enfim, na terceira parte, "Utopia", há uma vontade extrema de que os Céus baixem à Terra. É uma vontade quase impossível, porém pode ser o conceito que indica como todos querem e precisam viver. Como não há outro caminho, essa passagem para a utopia somente pode ser feita por meio da política. Claro que todos querem uma solução mais prática, mas essa solução só pode ser encontrada por meio da política. Ou seja, o homem pós-moderno deve se alinhar cada vez mais com as vertentes políticas de seu ideal. Nota-se que o ideal é a chama mais importante para a busca de uma vida melhor. Aquele que aliena o próprio ideal já prostrou a própria alma no conjunto da sociedade contemporânea. Portanto, o ideal precisa ser cultivado para que a extrema vontade de querer o bem seja uma verdade para um novo amanhecer.

Neste ensaio encontram-se às vezes ideias contrárias que se chocam. Esse princípio surgiu devido à presença de ideias às vezes importantes para a direita, e outras vezes importantes para a esquerda. Logo, tem-se a presença de um ponto central político que surge da busca de uma verdade que talvez esteja representada tanto nas forças de esquerda quanto nas de direita. Isso acontece porque a religião e a política na pós-modernidade têm uma intensa força de aglutinação, ou seja, são ideias contrárias que se unem para uma maior clareza de pensamentos utópicos.

Finalizando, precisamos buscar a vontade de Deus em nossos próprios espíritos, pois somente assim Ele terá a satisfação de ver sua criação realmente perfeita.

Parte 1

Mundo Invisível

A busca de um entendimento com o cosmo sempre se inicia com o vazio; esse vazio que, quase sempre, é necessário. A vida deveria ter sentido, e por não tê-lo traz a busca pelo inesgotável. O vazio está nas coisas e também dentro das emoções. O vazio pode ser o leve sopro de uma brisa passageira. A busca de uma entidade divina pode ser considerada uma busca pelo vazio... e a morte é desinteressante, pois ela pode ser o vazio. Não podemos encontrar a morte. Buscar as chaves que guardam o Céu é como tentar buscar paz de alma. Pelo menos ainda não podemos representar algo divino essencialmente. Os indivíduos creem em algo, mas que seja mais forte que eles, mais bondoso, mais justo, porque quase sempre deixaram de acreditar neles mesmos. Portanto, precisam do invisível para se apoiar no mundo visível. Por isso alguns veem algum sentido nas variações da lua, no amor e na compaixão e por isso é mais fácil crer. Deus é pai, e nem todos os pais são tão bons assim com seus filhos. Alguns pais castigam, outros gostam de dar presentes, outros ensinam, outros cuidam... Que tipo de pai Ele poderia ser? Se todos são irmãos de um único pai, por que então uns são castigados e outros recebem presentes? Às vezes pode ser apenas um pai descuidado. Ou, às vezes, nem todos os seus filhos são dotados de compaixão.

Muitos não acreditam em coisas invisíveis, mas na imaginação de um arquiteto todos acreditam. Porque na imaginação de um arquiteto surgem coisas nunca antes pensadas. Se existem coisas invisíveis, estas estão em nossas imaginações. Antes de surgir o primeiro violino, ele precisou ser imaginado e idealizado. Antes de surgir esse primeiro violino, ninguém acreditaria em violinos. Por que ninguém acreditaria? Porque nunca ninguém haveria de ver ou escutar um. Mas quando surgiu na imaginação do arquiteto que o idealizou, logo o invisível apresentou-se em sua imaginação. O violino antes de surgir era apenas uma entidade invisível, assim como as ideias também fazem parte do mundo invisível. Logo, não podemos afirmar com suprema certeza a não existência de Deus, pois Ele parte de um mundo invisível e está presente no imaginário dos indivíduos.

Nunca podemos negar o mundo invisível, pois todas as ideias e coisas surgem do mundo invisível. Muitas vezes nosso cérebro é capaz de ativar pequenas recordações de sensações passadas. Às vezes, você pode sentir levemente o gosto de um bombom que comeu no passado. É apenas uma leve sensação, mas você consegue sentir o gosto, mesmo sem estar comendo um. Isso pode ser identificado como uma sensação do mundo invisível. Isso é uma experiência com o mundo invisível. Se os indivíduos podem se lembrar de sensações passadas, como o gosto de um bombom, o perfume de uma rosa, a visão de uma bola dos tempos de criança, a lembrança dos acordes de um violão, a maciez de um algodão; então, existem algumas experiências relacionadas ao mundo invisível que podem ser identificadas como a porta de entrada da criatividade. E é somente da criatividade que surgem as coisas do mundo invisível.

Se alguém concebe um sorvete de pimenta, logo ele já existe no mundo invisível. Para concebê-lo no mundo visível, basta preparar os ingredientes. Portanto, o mundo invisível não pode ser menosprezado pelos racionalistas. É por isso que Deus pode surgir de pensamentos e imaginações sobre o mundo invisível.

As experiências somente surgem a partir dos nossos cinco sentidos. E com esses cinco sentidos pode-se captar sensações vindas do mundo invisível. Quando um cozinheiro pensa num prato novo, ele está entrando em contato com a imaginação, com a criatividade, com o mundo invisível. O cozinheiro já possui a experiência da sensação do paladar em relação às azeitonas, cebolas, coentro, cebolinhas, pimentas-do-reino, alhos e calabresas. E resolve preparar um prato com esses ingredientes. Logo, o sabor desse prato novo está somente no mundo invisível. Esse prato nunca foi experimentado antes; porém, o cozinheiro, com as experiências passadas, acredita que esse prato pode ser realmente apreciado. Mas a sensação do sabor desse novo prato pertence somente ao mundo invisível. Fica claro que o mundo invisível pode ser bastante real se o identificarmos por meio das sensações. Quando o cozinheiro reúne os ingredientes e prepara o novo prato, tem a sensação desse prato. Ao degustar, ele vive uma experiência única com o mundo invisível. Pois o sabor desse novo prato, que antes estava no mundo invisível, agora já está sendo captado pelo seu paladar. Experiências passadas conceberam experiências novas a partir de um mundo invisível.

Agora, se o cozinheiro deixasse de preparar o prato novo e apenas o idealizasse, esse prato ficaria apenas no mundo invisível. Assim como as coisas divinas, que somente ficam no mundo invisível.

Quando um perfumista combina diferentes cheiros para criar um novo perfume, ele está apenas idealizando uma sensação existente somente no mundo invisível. As experiências com determinados cheiros conseguem conduzi-lo para uma nova sensação. Ele conhece determinados óleos essenciais que, misturados, formam um perfume novo, nunca antes apreciado por alguém. Essa sensação pode apenas ser vislumbrada pela intuição, que é declaradamente diferente da razão. Quando o perfumista elabora seus óleos essenciais, traz ao mundo visível essa nova sensação que antes pertencia somente ao mundo invisível.

Normalmente, os artistas se utilizam da intuição para uma nova criação. A razão é a base do pensamento criativo, enquanto a intuição revela a extremidade do pensamento criativo. O perfumista possui a razão de que um determinado óleo essencial é agradável ao olfato. Mas ele precisa ter uma intuição de que esse óleo combinado com outro produz um cheiro mais agradável ainda. Esse novo cheiro contido no mundo invisível somente pode ser percebido pela intuição.

A razão é a capacidade de o pensamento humano chegar a conclusões a partir de suposições ou premissas. A razão para os artistas é a base para evidenciar a lógica de seus pensamentos. A característica principal é a de buscar as distrações que o mundo visível propõe. Somente a partir da lógica é que vários pensamentos abstratos ganham valor de realidade. A razão possui todos os elementos do mundo visível, e esses elementos se relacionam dentro do mundo real. O perfumista conhece os aromas dos óleos já existentes. Todo esse conhecimento está contido na razão.

A razão permite identificar e operar conceitos. O perfumista utiliza seu conhecimento de aromas para realizar a coisa nova. Raciocina sobre erros e sobre acertos, compreende as diferenças e as nuances.

Do mundo visível para o mundo invisível, a razão está ligada à intuição. É como se a intuição fosse o fim. A intuição pergunta: "Quero um perfume demasiadamente doce?". E a razão trabalha, separando conceitos e identificando soluções para chegar ao resultado esperado pela intuição.

Assim, como os racionalistas se opõem à imaginação, tentam obscurecer o elo da imaginação (mundo invisível) com a razão (mundo visível). Pois um projetista, por exemplo, não consegue realizar seu propósito sem usar a imaginação. Ela se torna o ideal aonde se quer chegar.

Razão vem do latim *rationem*, que significa cálculo, conta, medida, regra. Esses cálculos são usados para se buscar o objeto idealizado no mundo invisível.

A intuição afirma a existência de Deus. Já a razão sempre duvida...

Na intuição, o raciocínio que se usa para chegar à conclusão é puramente inconsciente, fato que faz muitos acreditarem que a intuição é um processo paranormal ou divino.

A intuição é necessária à imaginação...

Reflexão

O protesto da razão surge do semiescuro. A própria existência da intuição esclarece segredos. Os *insights* podem ser considerados peças intuitivas. A prova, a punição, o revés são ritmos do absoluto. Quando é melhor perdoar? O pátio está aberto. Correr é apenas o salto da vida. Correr com o coração ardente e juvenil é sempre a única chance de abraçar o impossível. Procurar a lógica, procurar a antemanhã não vai conseguir apagar a luz e o calor do Sol.

Einstein parecia preferir a intuição: "Não existe caminho lógico para a descoberta das leis do universo. O único caminho é a intuição".

A "eureca" ou o *insight* passa pelo crivo da intuição, aquele pensamento que soluciona de forma simples um problema complexo. Logo, a intuição é a ponta do *iceberg*. É ela que vai abrindo os caminhos primeiros sem haver a certeza de nada. Quando o perfumista precisa elaborar um perfume suave com fragrâncias de plantas da mata atlântica, sua intuição tenta abrir os primeiros caminhos que a razão irá percorrer. Portanto, esse perfume suave com fragrâncias de plantas da mata atlântica já está no mundo invisível. Ele precisa agora colocá-lo no mundo visível.

Reflexão

Artificial pode ser o contentamento divino. Mas os ventos que a vida sopra elogiam as diferentes maneiras de se pensar. A vida é de porcelana! O silêncio nunca deixa de existir para uma alma profunda. Alma profunda que nunca cai nas curvas da psi. Medir a visão é como medir as mensagens de uma antemanhã. Quantas manhãs seriam necessárias para você tocar suas películas de ar e calor?

Assim como foram mencionados os sentidos do paladar e do olfato, será mencionado agora o sentido da visão, talvez este seja o mais belo e divino dos sentidos, pois é capaz de antecipar outros sentidos, como, por exemplo, o sentido do tato. Ao olhar para uma mesa, você tem a capacidade de saber se ela é lisa ou rugosa. Pode antecipar o sentido do olfato: ao olhar uma flor você pode prever se ela é cheirosa e perfumada ou de detestável odor. A visão causa sempre a primeira curiosidade dos sentidos. A visão é sempre curiosa. Você não leva à boca algo que não seja de aspecto agradável e semelhante ao que tudo que já comeu até então.

Talvez a visão seja o sentido mais importante para o amor, porque a visão consegue controlar a mente através do fascínio. A visão é autoritária diante do pensamento. A visão ama ou não ama, ela enfraquece diante de conceitos sobre o meio termo. A partir de um primeiro momento, a visão vai estudando um objeto até chegar a uma conclusão verdadeira para o espírito. Tudo o que foi feito ao redor foi feito para a visão amar ou deixar de amar. Por meio da visão os conceitos são estabelecidos muito rapidamente.

Muitas vezes, quando se fala sobre o paraíso, um terceiro olho da imaginação consegue estabelecer uma visão, mesmo que enfraquecida, de um conceito do que seja verdadeiramente o paraíso. Novamente o mundo invisível está lá.

Micróbios ou organismos microscópicos sempre foram uma espécie de mundo invisível para a percepção da visão. Foi somente com a visão do microscópio que pudemos avistar o que antes era um mundo invisível. Sem o microscópio, o mundo dos seres microscópicos nunca seria entendido e realmente percebido. Seria apenas história lúdica. Seria considerado apenas imaginação tola dos homens. Mas hoje sabemos que esses seres realmente existem. A razão consegue perceber essa verdade, que, antes, seria determinada somente como um mundo invisível. Portanto, antes era como alcançar coisas divinas ao alcançar a visão para o mundo microscópico. Algo como ver Deus ainda pode ser impossível. O homem e a sua razão ainda não percebem outra realidade.

Reflexão

O coração vai adiante do que os olhos enxergam. O coração avista o sagrado, o quá-quá-quá, o pudor e a sem-razão. O alcance do sobreceleste é feito pelo silêncio sincero, pela proximidade das partes. Sentir a presença de um sentimento livre, às vezes, é mais importante do que a quantidade. A noite revela estrelas, revela a escuridão, revela a Lua, revela o descanso do nosso labirinto. Sentir a noite, às vezes, vale mais do que uma flor-do-céu. Quantas vezes o azedo pode tornar-se doce se assim desejarmos? Esqueça o ruído e concentre-se na música. Talvez o sonho seja ainda maior do que todos os nossos sonhos juntos.

Quase sempre a visão é declaradamente entusiasta do amor. A visão tem a condição de exagerar as paixões humanas. O amor por alguém ou por alguma coisa quase sempre sai do crivo da visão. É ela que percebe primeiro as paixões. De todos os sentidos, aquele com que se deve ter maior atenção é a visão. Ela exagera todos os ritmos, quantidades e perfeições. Essa condição que a visão insere no espírito humano é devida à mágica de sua percepção. Se vejo uma flor que minha percepção administra como bonita, se vejo outra que a percepção encara como mais bonita do que a anterior, minha percepção tende a exagerar a própria percepção, somando-se aos outros sentidos e carregando o espírito com um pesar de paixão. Deve haver bastante cuidado com o exagero que a visão estabelece na mente.

A visão procura abençoar algumas coisas e amaldiçoar outras, além de resgatar na memória alguns fatos marcantes, seja para o bem ou seja para o mal.

É preciso um cuidado excessivo para não haver algum fascínio pelas coisas que a visão retrata. É por meio da visão que idealizamos as melhores coisas. Com isso, nasce o absurdo do exagero, o amor em demasia, as coisas abençoadas. Nem sempre o mais belo é o mais funcional. Nem sempre o mais belo é o mais pacificado. Nem sempre o mais belo é de fortaleza.

Às vezes, os conjuntos de nossos acertos e erros são idealizados pela visão. A mente exagera e procura acertar através das escolhas das coisas. E o sentido do que a visão enxerga como mais belo pode enfraquecer a escolha entre o certo e o errado. Pois é uma condição divina escolher entre o certo e o errado. O indivíduo precisa decidir onde quer trabalhar e, certamente, entre suas considerações está o ambiente melhor aceito pelo seu juízo de bonito e feio. A estética das coisas tende às vezes a enganar pela escolha dos olhos e essa escolha abrange os comportamentos divinos, abrange os ideais do bem-estar.

E torna-se perfeitamente divina a escolha do certo para cada indivíduo. Um ladrão pode escolher roubar, apenas por considerar querer sempre o mais belo. O sentido da visão o engana quando ele é preso, faltando-lhe a melhor virtude para desfrutar dos prazeres: a liberdade. Portanto, o ladrão tem a liberdade tolhida por considerar em demasia o exagero do sentido da visão.

Assim sendo, a visão torna-se o sentido de maior força e energia dos indivíduos. A visão é fonte motora para os desejos, alguns desejos incontroláveis, algo como um apetite. Percebemos quem somos por meio da visão. A relação com o mundo é exageradamente percebida através desse sentido. O indivíduo se sente inserido no mundo graças ao sentido da visão, pois assim o mundo é mais facilmente sentido.

Quando um cego de nascença percebe o mundo, ele consegue apenas supor as coisas e intuir as formas. Ele busca um mundo real, que, muitas vezes, somente com os outros sentidos ele nunca irá perceber. Para ele, a realidade está colocada numa condição de mundo invisível, onde a escuridão é a única atividade dos olhos. E se por acaso esse cego consegue realizar o ato da visão, perceberá o quão mágico e fascinante é o ato de enxergar. Entenderá a luz e as cores, e as distâncias das formas. O que a intuição indicava como verdade, agora é somente uma grande fantasia da alma realizável. O que antes era invisível, agora é visível. Por isso, o encontro com coisas e pensamentos divinos requer um outro sentido mais apurado que ainda não conseguimos qualificar como sendo realizável. Se possuímos esse sentido obscurecido, ainda não sabemos, porém as orações dedicadas de cada religião nos transferem para esse sentido dito como obscurecido. Devemos entender a oração como um sentido mais aceitável para o contato com presenças divinas.

No ato da oração, o crente fecha os olhos e busca realizar uma comunicação com o mundo divino. Nesse momento sua imaginação torna-se fértil. A intuição está acesa. Através dos sentidos da mente, o crente pode, se quiser, observar coisas ou formas da sua imaginação. Essas coisas ou formas estão somente no aspecto lúdico. Mas pode ser o que entendemos como mundo invisível. São coisas ou formas que enxergamos não com os olhos, mas com o pensamento. Sim, estas coisas e formas fazem parte de um sentido com um mundo invisível. Pois, se o arquiteto consegue trazer ao mundo visível objetos do mundo invisível, como uma construção de desenho novo, então é possível existir um mundo paralelo a este.

O ato de fazer uma oração pode ser o ato de sentir objetos e entidades divinas, pois evocamos o mundo invisível realizável em nossa imaginação. Não se pode desprezar o sentido da imaginação, pois ele existe. Assim como existe o sentido da visão, também existe o ato de enxergar imagens não concretas, pois é fácil observar um tijolo sem precisar sentir sua concretude. Logo, esse sentido pode ser aceitável como existente. A pergunta nesse caso é: quando se evoca uma entidade divina nas orações, é realmente evocado o sagrado?

Reflexão

O éter respirado pelos deuses também pode ser respirado pelos mortais... O rompimento com as partes do nítido, do maciço, do absoluto, pode ser o abraço do éter. O paralelo da mulher-dama e da mulher-macho. A passagem dos pensamentos da natureza para os pensamentos do absurdo. A repetição das frases transforma-se no palmo vazio. Sempre uma busca pelo princípio torna-se a lógica da rapacidade. Ver o que não se pode ver, enxergar o silêncio, o perfume, a doçura e o quente das constelações. Observar a Senhora, a saída e a brisa. O encontro com o sublime é mais do que alcance, é mais do que pensamentos, é mais do que o quádruplo de pensamentos. É conseguir respirar o éter do deuses. É avistar o sobreceleste.

O espírito que consegue ser regido pelo bem, talvez mais facilmente encontrará em seus pensamentos uma ordem de coisas, formas ou seres condicionados apenas para o próprio bem-estar. Já um espírito regido pelo Hades (mal) encontrará aspectos lúdicos, propensos a algum malefício. Quando os pensamentos puros são evocados de um mundo invisível, evocam-se também desse mundo alguns aspectos de proteção, como a esperança, a riqueza e a fortaleza. Porque, em pensamentos, há objetos acesos em nossas ideias. Isso é algo como orar e, nesse momento de oração, desejar felicidade para seu filho. Logo, prontamente, o mundo de felicidade é idealizado dentro da mente. Existe uma porção de coisas no mundo invisível que tendem a aparecer somente para o bem. Não se sabe se essas ideias evocadas realmente tendem a fazer o bem.

A ideia de bem e mal pode ser discutida, não como Deus sendo o bem e o diabo sendo o mal. Na maioria das religiões, Deus é o tudo. Logo, ele pode operar tanto para o bem quanto para o mal. Deus é também castigo. Quando Ele faz o bem, Ele gera, cria, cuida, facilita, abençoa. Agora, quando Ele faz o mal (se é Ele quem faz o mal), Ele destrói, adoece, entristece, empobrece, é, portanto, capaz de fazer todos os males. Pelo ciclo natural do universo, as catástrofes servem para purificar ou simplificar a natureza. Se não houvesse a destruição, a pobreza e a tristeza, o universo seria composto com tudo em demasia. Os reinos animal, vegetal e mineral não estariam em ordem, pois haveria excesso. A água em abundância cobriria toda a superfície do planeta. Para o reino animal em abundância não restaria espaço para a locomoção. O mal tem a responsabilidade de regular a vida. Vários homens não roubam (tentando enriquecer) para não perder o prazer da liberdade. Eles sabem que pagarão pelo mal que fizeram com outro mal como punição. Portanto, o mal de perder a liberdade regula a sua vida. Um animal caça somente quando tem fome, pois o excesso de alimento pode levá-lo à morte. Novamente, o mal regula a vida. Se todos não temessem a morte (mal), o mundo seria desordenado. Imagine se todas as lebres não temessem os lobos. Imagine se todas elas resolvessem por instinto atacar aos lobos. O resultado seria um mundo sem lebres (o mal regula a vida).

Reflexão

Esperamos sempre um soldado de uma constelação em que o bem triunfe sobre o mal. Mas o semibranco não é de todos, como também não é de todos o material, o segredo, a saudade e muito menos o absoluto. Somente letal para alguns, o ferro é a preferência e parte da disputa. O bem é marchar ou estar livre entre as gramíneas? A geometria é sublime apenas para os escondidos. Não deixe o vento roubar as boas mensagens... elas são vitória sobre os inimigos.

É louvável dizer que o mal existe. O grande mal regulador da vida é um instrumento de guerra.

Nisso, quando alguém, em conflito com outro, dispara frases malditas, ele não apenas fere o íntimo com suas palavras, mas também evoca coisas, formas ou seres do mundo invisível. Quando alguém diz para o outro "vá para o inferno!", rapidamente, em seu pensamento, está a aparência do inferno tal qual ele o percebe. A imagem do inferno aparece em poucos instantes. É como na linguística de Saussure. O indivíduo ofende com o significante: "Vá para o inferno!" E no mesmo instante evoca o significado: a imagem do que ele tem como inferno. O inferno do seu mundo invisível vem do mesmo lugar que as suas ideias ao longo da vida (cada ideia que ele transforma em realidade vem do mesmo mundo idealizado em sua mente).

O significante "vá para o inferno!" está nas palavras e nas letras. Em instantes, dentro do pensamento, a imagem do que ele tem como inferno aparece. Novamente o mundo invisível agrupa-se na mente.

Na mitologia grega, os deuses são coisas: Poseidon é o oceano, Cronos é o tempo, Gaia é a terra e tantos outros. Há também os deuses que personificam as virtudes, como Afrodite, que é a beleza, e Apolo, a sabedoria... Talvez se julgássemos que podemos evocar coisas em pensamento através do significado do significante, por exemplo "bola de ouro", então posso representar em pensamentos a imagem de uma bola de ouro. Mas seria impossível representar o significado universal de uma virtude como a bondade, como também é impossível representar prudência, fortaleza, continência, justiça... Isso ocorre porque a bondade não é uma coisa, ela é um ato ou um movimento. Somente podemos perceber bondade através de uma ação, e não através de uma coisa. Assim vale para a prudência, fortaleza, continência, justiça e outras virtudes. Como as virtudes são mais apreciadas pelas pessoas de bem, logo não há a representação de coisas, há somente a representação do ato.

Em lugares onde o cristianismo é a religião predominante, costuma-se usar a imagem de Cristo como sinônimo de bondade. Quando isso ocorre há uma grande distorção no pensamento do mundo ocidental, pois os indivíduos necessitam saber qual a quantidade necessária de atos bons para ser um indivíduo bondoso. E o que se entende por bondade é tão somente a bondade absoluta. Qual a medida da bondade absoluta? Não fazer o mal a ninguém ou fazer o bem a todos? Há uma grande diferença entre essas duas ideias. Não fazer o mal a ninguém entende-se com o ato de não desgraçar outro indivíduo. Com isso, a tarefa de ser bondoso fica sendo mais fácil, pois o indivíduo pode não desgraçar ninguém, mas pode-se ficar indiferente a tudo e a todos. E é o que a maioria das pessoas do mundo cristão faz. Portanto, é possível uma pessoa indiferente ser uma pessoa bondosa? E o que se entende por fazer o bem a todos no mundo cristão? Entende-se que, ao se deparar com um pedinte, o indivíduo deve abandonar toda a indiferença, e se determine para "ensinar o necessitado a pescar".

Assim fica fácil entender que o significado de bondade cristã quase nunca brilha nos pensamentos, pois bondade é ato, e não Cristo (e todas as igrejas estão lotadas todos os dias). A maioria cristã acredita que para ser bondoso basta amar a Cristo, não precisando do ato da bondade.

Outras virtudes também têm imagens consagradas em cada pensamento. No mundo invisível, um indivíduo pode presenciar várias imagens para o significado de fortaleza. Alguns, em suas mentes, podem sentir a imagem de um homem forte, a imagem de um castelo robusto, ou a imagem de um enorme animal (elefante, leão, tigre, tubarão etc.). Entende-se aqui "fortaleza" como significante e, como significado, "homem forte", por exemplo.

Porém, sabe-se que a fortaleza não é um homem forte. Fortaleza é a virtude de poder suportar o sofrimento, pois a fortaleza é uma espécie de força do espírito. Então não há como coisificar a fortaleza, mas a mente precisa sempre de um sentido para o que se pensa ou o que se diz. A mente precisa codificar a fortaleza. Por isso, às vezes, ao se dizer fortaleza, alguns indivíduos podem codificá-la como sendo um homem forte, como uma bigorna, como um escudo, como um castelo etc. O pensamento trabalha melhor e mais rápido com os significados. Por isso, um português levará mais tempo para raciocinar quando se diz *yellow* em vez de amarelo, porque seu pensamento já está condicionado com o significante, a palavra amarelo, e o significado da cor (já está estabelecido muito rapidamente a cor amarela como imagem em sua mente).

Portanto, é assim, através da imagem do homem forte, ou do tigre, ou do escudo, que o indivíduo obtém do significado de fortaleza uma espécie de ajuda ou reanimação do espírito. Pois aquele homem forte, ou o tigre, ou o escudo, passa a fazer parte da sua intimidade. Ele sente a força dessas coisas no espírito. A imagem do significado de fortaleza acaba estando na mente e no espírito. O ânimo para vencer o sofrimento é maior. O exemplo disso pode ser verificado quando uma criança do sexo masculino se machuca e começa a chorar. Se o pai repreendê-lo dizendo apenas: "Pare de chorar!", não obterá o mesmo efeito que teria se dissesse: "Pare de chorar, você já é um homem, e homem não chora". Para o garoto que quer ser homem quando crescer, a segunda repreensão tem maior força de ânimo do que a primeira. Pois o garoto se identifica com ser homem. Há uma imagem de homem valente em sua mente, e ele não quer ser diferente do que vê.

Reflexão

Sobreviver diante do próximo é o cuidado da prudência. Sobreviver diante de todos é o cuidado da fortaleza. Mais alto que a própria asa pode levar. Não fica em silêncio diante do revés. Este sempre foi o princípio do espaço e do oculto. Nasce o alívio de viver de parabéns, de viver de *et cetera* vazio. O outono sempre mais esperado do que o inverno, estampando na antemanhã a vontade militar. Fortaleza que sempre se veste de vontade militar. Possibilidade que sempre se veste de vontade militar. Somente, agora, os sonhos primaveris rasgados sobre a natureza quase morta. A fortaleza tem a graça áspera, tem o elogio febril e possui o príncipe protetor.

A justiça é outra virtude que muitos desejam possuir, pois o ser justo consegue ser bem visto por todos. O ser justo não precisa de gracejos ou de ofensas, ele torna-se justo pelo simples fato de que todos ao redor são bons e maus. Porém, os maus sempre se escondem na pele dos bons. Os maus sempre buscam perverter seu real estado de ser mau. Às vezes, ocorre, na vida de cada um, um local comum onde a justiça é a melhor parceira para se enfrentar o mal. A justiça tende a salvar a vida e a punir a morte. A justiça pode, sem querer, ser confundida com o mal. Pois ela repara o mal com o mal. Assim como o mal regula o bem, o bem também regula o mal, como no diagrama de Taiji. E o bem somente regula o mal (pune o mal) através da justiça (acordo de leis entre os homens). Pode ser mais fácil obter prazeres na vida sendo mau? Este pode conseguir maiores vantagens, mas deve-se sempre ter o cuidado para o bem não regular suas condutas. É por isso que a justiça regula o mal. A justiça existe para que todos não sigam o mal para obterem seus prazeres.

Muitas vezes o homem parte do princípio do seu comportamento nas culturas em que foi condicionado. Às vezes, adapta-se ao comportamento de "esperto" para adquirir mais prazeres, mas esse comportamento surge através de suas relações com o mundo. Se numa determinada vez ele jogou o jogo dos maus e venceu, o triunfo da vitória (prazer) passa a ser bem recebido pelo espírito, tornando-se rotina seu jogo de esperteza. Uma justiça fraca privilegia sempre os maus, pois estes não são regulados pelo bem. Em lugares assim, o espírito do mal é bem aceito facilmente. Torna-se comum. Logo, o mundo invisível dos maus é disperso pela maioria. Cada um tem no íntimo a imagem de ser mau, essa imagem onde a justiça é fraca torna-se comum e aceita. Sendo assim, o jogo dos mais fortes é tolerado pela maioria, nascendo dentre os mais fracos o espírito do mal.

Feche os olhos e imagine o mal. São essas visões que você terá com frequência, se por acaso buscar as condições de vida que o mal busca. Teus sentidos do mundo invisível, de onde os criativos criam para o mundo visível, estarão despertos para coisas e formas de desejos do mal.

Justo é aquele que respeita as leis e promove a igualdade. Neste, o mundo invisível é somente espaço branco de boas ideias, pois não há nenhum tipo de peso na consciência.

Quando ouvimos o significante "justiça", logo aparece imagens do significado na mente. Pode ser a balança da estátua da justiça, o tribunal, a forma de um juiz. O pensamento conceitua assim, porque justiça não é uma coisa, e, sim, uma virtude. Logo, surgem vários significados de justiça na mente de cada indivíduo. Para o virtuoso, esses sinais são aceitos por vontade da honra. Quando o indivíduo ouve a palavra justiça, o cérebro instantaneamente codifica uma imagem. Portanto, essa imagem para o virtuoso é logo motivada para o que é certo, para o que é justo e para o que é aceito pela maioria, pois até aquele que pratica o mal, quando escondido, também se posiciona ao lado do que é certo, justo e virtuoso. O significado de justiça no íntimo do indivíduo parece querer elevá-lo ao bem supremo.

Quando um policial salva uma jovem de um estuprador, não há nele somente o bem do dever cumprido, há também a resolução do sentimento de justiça. A consciência está leve para elevar-se para o bem. Nesse momento em que consegue salvar a jovem, o pensamento está carregado de imagens aceitas como o bem supremo. O espírito parece elevar-se. Aquela lembrança será sempre recordada como um bem. Todas as imagens parecem vagar para o espaço branco dos pensamentos, o registro na memória do bem realizado.

Mas a justiça pode sobrevoar as nuvens, pois o contexto histórico da sociedade relembra a eterna luta de classes. E onde estaria Deus? Ao lado dos ricos ou ao lado dos pobres? A justiça está ao lado dos justos. Consegue-se presenciar o significado de justiça (o bem regulando o mal).

Nas sociedades contemporâneas a justiça também fere os mais pobres. Nas sociedades onde a justiça é falha, os pobres tornam-se enraivecidos mais facilmente. Quando não há mais nenhum orgulho para o bem humano, os indivíduos devolvem contra os privilegiados a raiva contida. Quando os mais ricos burlam as leis para continuar sendo considerados justos, os mais pobres devolvem a derrota com a raiva. Pois se sentem injustiçados. Sentem o desejo por justiça que está perdidamente presa na mão dos mais ricos. Entre pobres há os justos, como também há entre os ricos os justos. O que acontece é que os injustos fazem suas maldades, tornando impossível a paz.

Deus, definitivamente, não queria paz quando inventou o amor (como concupiscência)...

Os cinco sentidos, que percebem coisas do mundo invisível, são percebidos tanto entre os justos quanto entre os injustos. E os que se sentem injustiçados e praticam o bem tendem a elevar o espírito, pois perdem a culpa do mundo invisível. O tormento é um sentimento invisível. Não se consegue visualizá-lo como coisa, porém o significado de tormento pode despertar imagens, quando se ouve a palavra tormento. Pode haver no indivíduo imagens de julgamento, cores escuras ou quentes, representações do vazio. Então, há uma punição como pressentimento de um mundo invisível.

Reflexão

Uma culpa caminha escondida, ardente como uma princesa lógica, escura como a permanência de um pensamento. O vento sopra os ares do dia para um lugar distante do milagre. O inferno é legítimo para a consciência nítida do luto. Ninguém voa sobre Pégaso, ninguém é tão prataria de Hefesto, ninguém sai à procura de Ares. Apenas frases da partícula do soldado quando o sobrenatural abençoa a rotina.

No universo há somente um sistema...

Por que tememos a morte?

A morte é o rompimento permanente das atividades biológicas necessárias à manutenção da vida de um organismo, considerada cientificamente como o fim da consciência.

Quando o "eu" sente o redor, o mundo e todos, isso é considerado vida, pois há uma reação do indivíduo diante do mundo. Há também todas as sensações diante desse mundo. Quando alguém toca um indivíduo, o sentido do tato desperta; quando uma imagem brilha, o sentido da visão desperta, e isso vale para todos os outros sentidos. Na morte presume-se que esses sentidos não reagem mais. Porém, existe um grupo de animais invertebrados, os rotíferos, que possui uma capacidade denominada criptobiose, que consiste no cessar metabólico quando as condições ambientais não estão favoráveis, e eles se mantêm assim por meses ou anos até as condições se restabelecerem. Se consideramos morte essa parada metabólica, esses animais morrem e depois revivem.

Os rotíferos possivelmente conhecem a morte. Dentre todos os seres vivos existentes, eles são os únicos que voltam de uma possível morte. A possibilidade de reviver está somente com os rotíferos.

Esse organismo, por menor que seja, não é tão diferente assim de organismos mais complexos. Eles possuem órgãos especializados e um tubo digestivo completo; o corpo é segmentado externamente, mas não internamente, e é dividido em quatro regiões – cabeça, pescoço, tronco e pé. O rotífero cessa toda sua atividade metabólica quando se depara com condições adversas do meio ambiente. Quando as condições voltam à normalidade, ele revive.

Portanto, há uma chance de reviver, mas essa chance está somente com os rotíferos.

Mas os rotíferos não podem nos contar sobre a morte, porque são seres sem a capacidade de compartilhar experiências vividas. Sabemos apenas que antes eles não sentiam e depois voltaram a sentir (os sentidos não existiam, depois voltaram a existir).

Assim, pode ocorrer uma semelhança entre a morte dos rotíferos e a morte cerebral (morte encefálica). Pois em ambos os casos, os indivíduos não possuem os sentidos despertos. Há inúmeros casos de pessoas que tiveram morte cerebral dada como certa, e mesmo assim voltaram a viver.

Claro que humanos não irão morrer durante anos e depois voltar à vida assim como os rotíferos, mas talvez passem por um pequeno processo diante da morte. Talvez os sobreviventes da morte cerebral obtenham a experiência real da morte, da mesma forma que os rotíferos, guardando as devidas proporções.

E todos esses sobreviventes da morte encefálica descrevem as experiências que há tempos os poetas (criadores de estórias) relatam: a de que a alma flutua viva sobre o corpo morto. Nunca se deve desconsiderar amplamente as visões dos poetas ou artistas, pois eles fecundam uma realidade retirada de um mundo invisível, assim como os arquitetos buscavam suas máquinas de voar. O sonho de Ícaro persistiu por muito tempo até consolidar-se como real. O que antes era somente o sonho vivido apenas no mundo invisível, agora já é parte habitual na vida de cada um.

Afinal, por que tememos a morte?

Talvez o simples fato de conhecer as condições do corpo em estado de decomposição faça a nossa subjetividade exagerar os destinos que a morte carrega consigo, ou a completa ignorância do que seja o além da morte também ostenta mais exageros, assim como o medo que a religião impõe sobre o Céu e o inferno. Não se sabe se há o sofrimento. Não se sabe se há um completo vazio; este, por sinal, deve ser mais temido ainda.

O certo é que o sentido da visão reage exageradamente diante da morte. Quando os olhos captam imagens de morte (defuntos), os sentimentos exageram e exclamam: "Isso não pode acontecer comigo!". Ninguém quer a morte, por considerá-la horripilante, por considerá-la fechamento da vida, que por meio dos sentidos torna-se tão mágica; ninguém quer a morte, por quase sempre vê-la como o fim da vida, ou por completa ignorância de um mundo invisível. Como esse mundo invisível não pode ser visto ou sentido na sua essência, logo é mais fácil manter a completa ignorância.

Se o ser sente sensações no mundo visível, talvez também as sinta no mundo invisível. A diferença é que não há mais a substância. Talvez haja a forma, como também a mágica dos sentidos.

Nunca se pensa no quão mágico são os sentidos. Os sentidos são maravilhosos. Imagine perder a visão; aquilo que antes era comum e rotineiro, passa a ser extraordinário. Os sentidos nos tornam iguais, nos acrescentam comunhão. Quando alguém leva um choque, o indivíduo mais próximo sempre empurra para salvar esse alguém, porque sabe o quão horroroso é um choque. A proximidade da comunhão pelos sentidos torna o amor capaz de existir e ser preservado. A mãe sempre alerta o filho para não tocar na panela quente. O sentido faz preservar, cuidar, amar, pois sabe-se que é extremamente danosa a quentura do metal. A mãe protege o filho contra o mal, pois ela já sentiu e não quer que o filho sinta a mesma dor. Novamente, o mal regulando o bem. Como a plena maioria tem todos os sentidos, deixamos de nos alegrar diante da magia dos sentidos.

Reflexão

Sólida saudade que leva a punição para bem longe. A singular proximidade com o lúdico dos sonhos. O número tão alto quanto a certeza. A verdade militante das nuvens, somente uma sólida saudade. Impossível de ser alcançada, como também é impossível de ser sonhada. Tão luzente quanto as cores mais quentes. Tão respirada quanto o éter dos deuses. Pode não ser substância, mas é pesada e maciça. Um destino sublime da luz da sabedoria de Atena. O que é quente hoje pode não ser amanhã. O que é alívio hoje pode não ser amanhã. Livre e vivendo aos pares com as possibilidades. Paralelas aos absurdos. Piedade para o outono e mudança para o inverno. Quase tudo mergulhado nos mares.

Há outro sentido tão mágico quanto a visão. Um sentido paciente da imaginação. Um sentido de sabedoria sensível: a audição. A audição talvez seja o mais sábio dentre os sentidos. Ela espera, ela entende, ela silencia, ela conhece... A audição percorre para compreender o movimento. Nunca ataca antes! Possui a sabedoria de Atena. A mais perfeita para os mais sábios. É a audição que ensina ao menino sobre o mundo. É ela que revela os segredos. É ela que amadurece a menina. Sem a audição, os indivíduos estariam mergulhados na completa ignorância, sem nunca poder se prevenir contra o mal.

A audição é a capacidade de perceber o som. E o som é uma onda mecânica produzida pela compressão e descompressão do ar.

O prudente sabe primeiro ouvir, para depois falar. É uma percepção importante para a prudência. Deve-se importar antes com as palavras dos outros para depois agir. Ouvir é a melhor arte dos prudentes. É uma espécie de escudo da retórica. Aquele que ouve mais, aprende mais. Sabe, melhor do que os outros, percorrer entre os caminhos tortuosos dos vícios da alma.

A audição qualifica os estados da alma, como também qualifica as virtudes. A verdade somente pode ser verdade se passar pelo crivo da audição. É ela que pondera, calcula, exemplifica... A audição é que primeiro percebe os pensamentos dos outros. Ela leva o ser ao comprometimento com o pensamento. Sem audição não há comunidade. Ela percebe a bondade ou a maldade alheia através da comunicação.

Como ninguém ainda surgiu para dizer que viu Deus, então, este somente é percebido através dos dizeres de cada um de que existe um Deus. O ouvido é o eterno aprendiz sobre as coisas e experiências dos outros.

É somente por meio da audição que se consegue prevenir um erro sem nunca tê-lo visto. A experiência do outro garante o êxito da jornada: "Vai pela sombra". Tanto que o cego se guia através dos ouvidos. São os ouvidos que lhe mostram os perigos e as confusões ao redor. Eles sabem dizer se o espaço em que ele está é urbano ou rural. Eles sabem dizer quando o silêncio é perigo. Eles sabem dizer o que é harmonia sem a visão.

A audição considera apenas as palavras captadas no momento, os pensamentos elaborados, que são importantes para o descobrimento do mundo visível. A audição pode captar ruídos, música, sons e palavras surgidas de um pensamento. As palavras possuem uma enorme força de imaginação para os ouvidos...

Imagine que você roubou, violentou e assassinou alguém. E nesse momento surge uma pessoa acusando-o de ser um monstro, um assassino, um covarde, um homem da pior espécie. Seu ouvido captou tudo. Mesmo sabendo que você é isso tudo, o seu eu não concorda, não aceita, não se vende. Porque o seu eu está autoinstituído e autoestabelecido pelas máximas da virtude. O verdadeiro eu, o primeiro percebido, nunca irá aceitar ser covarde ou ser monstro. Você sabe que é isso o que você realmente é. Porém, o eu nunca aceita, pois a constante do bem é sempre melhor entendida para o ego. Raramente alguém consegue manter o mal plenamente em constância. Até o pior dos bandidos precisa se relacionar com o mundo visível. Ele rouba, violenta e mata em alguns momentos da vida. Em outros, o corpo e a mente precisam do prazer vivido somente no mundo visível.

Até mesmo quando o bandido diz: "Sou mau de verdade!", o "eu" desse bandido não aceita essa premissa de pronto. Ele pode continuar fazendo o mal e afirmando que é mau de verdade, e mesmo assim o seu "eu" negará. Isso é mais facilmente perceptível se você tentar compreender o aluno de matemática que tira a menor nota da escola. Está confirmado que ele é o pior. O professor então diz que ele é o aluno mais burro da escola. O "eu" no íntimo desse aluno nunca aceitará essa afirmação, mesmo que confirmada através da nota. O "eu" no íntimo sempre repele o ruim.

Essa concepção é ainda mais perceptível neste exemplo: você bate a perna num canto de mesa qualquer e afirma: "Eu sou um idiota mesmo!". O seu "eu" mais íntimo não concordará e de forma alguma irá aceitar, porque o seu "eu" está autoinstituído.

Todas essas nuances tendem sempre a querer o bem. É como se algo divino já estivesse colocado em nossos pensamentos. Há uma emanação que indica: para a sobrevivência, na maioria das vezes, o bem tem que ser escolhido. Nesse caso o bem regula o mal.

Reflexão

O ego solidário está na penumbra. Há uma rota desejando a proporção entre o príncipe e a piedade, numa verdade inteiramente posta para a escuridão. Procura-se apenas a nulidade do passado, a nulidade do vazio e da passagem. Uma missa onde o inocente está preso e o pueril, aberto nas gramíneas.

O ego, maldito da imaginação do choro misturado de morte, ainda pisa sobre o supremo. A virtude ainda está sem munição contra as flores primaveris. Somente o sobrenatural age sereno, buscando o semibranco e o semiescuro, onde o material é revés de quantidade próxima. Apenas o espaço distancia a mudança.

A audição possui talvez um dos mais belos dons, o dom de sentir a comoção pela música. Música é uma forma de arte que se constitui basicamente em combinar sons e silêncio segundo uma pré-organização ao longo do tempo. É uma prática cultural e humana. Não se conhece nenhuma civilização que não possua esse dom artístico da música.

A música possui diversas utilidades, não só artística, mas também militar, educacional ou terapêutica. Possui presença em diversas atividades coletivas, como rituais religiosos, festas e funerais.

A música é tão mágica que é quase impossível defini-la num conceito somente. A priori, ela pode ser percebida somente pelo ouvido. E quem tem um ouvido bastante treinado pela música consegue diferenciar todas as notas musicais da natureza, assim como o olho consegue diferenciar as cores. É quase impossível alguém que não se encante com a arte das musas. Ela tem a capacidade de despertar todos os instintos humanos, como a alegria, a tristeza, a saudade, o amor, o ódio, a fúria... Logo, a música pode direcionar os estados da alma humana. A música possui uma força quase ditatorial de orientar o espírito. Muitas vezes, se alguém está deprimido e ouve uma canção alegre, seu estado de espírito muda. É quase uma percepção divina: conseguir mudar de tristeza para alegria, ou vice-versa. Assim, os estados de espírito falam por meio da música. Como compreender a tristeza? Você pode compreendê-la através de uma imagem ou de sons. Notas musicais combinadas conseguem realmente emitir a tristeza. Parece que a tristeza pode ser ouvida. Parece que a tristeza emite sons. Como pode ser mágico um estado de espírito que fala!

Se a mente está separada do corpo, então sua percepção pode evoluir. E a música tem a capacidade de fazer evoluirem as percepções da mente. Onde está localizada a tristeza? Tão somente na mente, ou na alma, ou no espírito? A mente é sempre recolocada como fator de inserção da alma ou do espírito. Logo, a tristeza é uma resposta da mente por ter presenciado vários fatos que desagradam o "eu" íntimo. O "eu" íntimo ávido de prazeres. Quando esses prazeres não são saciados, a mente torna-se condutora de sofrimento. E toda tristeza surge de um sofrimento gradativo. Logo, a tristeza localiza-se, mesmo não sendo coisa, nas percepções da mente.

A tristeza é invisível, mas é contemplada pelo espírito. Ela é um estado de espírito que está colocado numa linha reta entre extremos: euforia e depressão. O estado de espírito é toda a extensão entre a euforia e a depressão. E a música tem a capacidade de decidir entre esses dois polos. Ela decide sobre o invisível. Se alguém mantém o semblante normal, ninguém poderá perceber esse estado invisível: a tristeza. Sim, a tristeza pertence ao mundo invisível. Não podemos ver a tristeza como ela realmente é, assim como podemos ver um relógio. Porém, todos, ao menos uma vez na vida, podem senti-la.

A música tem sua razão de existir. Ela pode mudar os semblantes da alma. Ela redireciona o que está invisível sobre nós. Quando uma pessoa está muito triste, uma música alegre pode alterar sensivelmente esse estado, pois a música consegue se comunicar com a alma. Uma música alegre pode direcionar essa tristeza invisível para um polo mais agradável da mesma forma, quando você está alegre e ouve uma canção triste tudo ao redor pode entristecer.

A tristeza e a alegria são estados de espírito invisíveis. Não são coisas que podemos ver e obter em nossas mãos. Então a tristeza e a alegria aproximam-se de cada um, vindas do mundo invisível. Sabemos que tanto a tristeza como a alegria existem, mas são de um mundo invisível. Concentre-se em focalizar a primeira imagem que aparece na mente ao ouvir a palavra tristeza. Deve haver um significado, como uma criança chorando ou um mundo escuro; imagens que desencantam nossos prazeres. Nota-se que as crianças riem e choram com mais facilidade porque ainda não se adaptaram a esses estados de espírito. Qualquer motivo é motivo para rir ou para chorar. Agora, quando a alma está por mais tempo sendo testada, a dificuldade para rir e para chorar é maior, pois o indivíduo encontrou mais experiências para evitar esses dois extremos. Nota-se que para fazer alguém chorar, é necessário um motivo e o desejo de chorar. É assim que a tristeza, sendo invisível, recobre o espírito, pois se o motivo existe, você ainda pode possuir a fortaleza, ou seja, não querer chorar. Se mesmo assim a tristeza derrubar a fortaleza, então não é a vontade que chora, é tão somente o espírito.

Tudo o que a tristeza pode fazer, ela faz. Ela desencanta o espírito, mas o que nunca pode deixar de acontecer é a vontade do suicídio por causa da tristeza. Há assim uma guerra entre o corpo e o espírito. O polo máximo da tristeza é a vontade de suicídio. A mente está tão sobrecarregada de depressão que pensa em matar a si própria. Nesse momento, a vontade que domina é a vontade da tristeza (algo invisível). Essa fonte invisível refreia a vontade de viver (sumo bem) para transformar a vida em alguma espécie de malefício. Nota-se que a tristeza é invisível, portanto, vem de um mundo invisível. E a força máxima da tristeza é o suicídio. Nesse caso somente a fortaleza pode suportar tal sofrimento. O objetivo da tristeza é a depressão do espírito e a vontade de suicídio.

A música pode ser ótima parceira para o espírito, já que ela decanta as percepções humanas. Ela tem o poder de transformar a alma em diferentes polos do estado de espírito. A música consegue operar sobre o invisível. É força existente que transforma alegria em tristeza, e tristeza em alegria. Possui chaves do espírito. Nota-se que pessoas muito alegres normalmente ouvem canções alegres, e pessoas muito tristes ouvem canções tristes. Na música há uma lógica para cada indivíduo. A percepção-chave é entender essa lógica que há na música, pois ela direciona os estados da alma. Ela transporta o que é invisível dentro de cada um.

O amor é uma paixão, mas pode ser considerado uma força invisível que leva, por exemplo, uma mãe a cuidar do filho. Logo, o amor tem a capacidade de mover coisas, mover indivíduos. Isso ocorre porque para cuidar de seu filho (amor) a mãe precisa mover-se e mover coisas (objetos). A finalidade é o bem-estar do filho.

A tristeza é um sentimento humano que expressa desânimo ou frustração em relação a alguém ou algo. É o oposto da alegria. A tristeza pode causar reações físicas, como depressão nervosa, choro, insônia, falta de apetite, e ainda reações emocionais, como o arrependimento. Porém, sua reação mais poderosa é a vontade do suicídio. Mas assim como o amor, a tristeza pode ser considerada uma força invisível, pois não pode ser coisificada. E também tem a capacidade de mover coisas e indivíduos. Por tristeza, o indivíduo pode deixar de buscar o hábito da sobrevivência, pode também matar alguém ou a si próprio. Na lógica, assim como o amor, a tristeza é invisível. Sabe-se que existe, mas não existe a possibilidade de provar a existência do seu volume, quantidade ou densidade. Aquilo que não existe, e apesar disso acredita-se em sua existência, pode ser considerado como possibilidade divina, pois acredita-se em algo que não pode ser comprovado. Quando a mãe ama o filho, ela não consegue provar seu amor (nunca visto por alguém), ela somente consegue provar o amor por meio de atitudes. Logo, não podemos aceitar a existência do amor, como também não podemos aceitar a existência da tristeza ou da alegria. Mesmo assim, sabe-se que tanto o amor como a tristeza movem objetos através da força do ser amante e do ser triste. Um exemplo é usar como justificativa para se ter feito algo o fato de estar triste.

A tristeza, por ser invisível, também mora no mundo invisível, onde os poetas trazem seus lamentos para o mundo visível.

Por isso, às vezes, a música é considerada uma força terapêutica (ou divina) por conseguir mudar os estados de espírito. A música vem do mundo invisível sonhado pelos poetas e músicos.

Reflexão

O sol quadrado para o pensamento de rotina às vezes está tão próximo de qualquer brisa sem música. É melhor procurar sempre o rumo de um sagrado quá-quá-quá do que possuir as rimas do semiescuro. Há uma punição para aqueles que não caem como os soldados caem. Todo espírito possui uma rota que a rosa-rubra chama de psiu. Olhar e não apenas proteger, mas também deixar às vezes cair o queridomeu-amoreco. Solidez para os mais fortes e a subjetividade para os mais fracos. Pois a música é sobrenatural para o protetor, aquele que reflete em qualquer antemanhã. A música é lógica e quente. Somente o vento consegue essa graça de absurdos. O inocente cresce com as nuvens, mas pode morrer sob as estrelas. Transformar a lógica da tristeza em absurdo não é tão vazio quanto parece. A música possui suas possibilidades de vingança contra a nulidade.

Às vezes, ativando a memória, consegue-se ouvir um som de piano, sem que ao menos o som esteja presente. Esse som captado sem que a música esteja presente no ar está inserido num mundo invisível. O indivíduo ouve apenas o desejo de ouvir. A música está no mundo invisível, e mesmo assim seu sentido consegue captar a sensação.

Alguns compositores relatam que muitas vezes a música aparece na cabeça sem ao menos tocar num instrumento musical. Eles apenas trazem algo que estava num mundo invisível para um mundo visível e perceptível. Isso não ocorre porque os músicos são mais sensíveis, isso ocorre porque diariamente eles testam a sensibilidade com um mundo invisível. Continuamente eles criam o que ainda não existe. Criar o que não existe é precisamente abrir as percepções para um mundo paralelo. Muitas vezes as pessoas não se dão conta de músicas que repentinamente aparecem na cabeça, e assim, começam a cantarolar ou a assobiar. É um instante corriqueiro na vida de cada um, mas as tais canções realmente aparecem na mente. É um instante sensivelmente perceptível. É como se pairasse uma onda sonora que te obriga a cantar ou assobiar.

As músicas ativam uma parte do cérebro chamada córtex auditivo, e quando ouvimos uma canção conhecida, mesmo que seja somente um trecho, nosso cérebro pode continuar preenchendo o resto, e quanto mais tentamos nos livrar, mais o cérebro insiste em continuar, causando um ciclo musical interminável. São como pensamentos que estamos tentando suprimir, quanto mais tentamos não pensar neles, mais pensamos. O que tentamos suprimir vem de um possível mundo invisível, que não nos pertence. O sentido busca a música restante através de uma percepção intuitiva. Nesse momento a intuição está desperta. A audição não ouve, mas sente. A sensação está presente e vem de uma vontade etérea.

Os compositores de música, por terem com mais frequência o predomínio da intuição, estão sempre em contato com esse ar paralelo. A intuição exerce uma espécie de caráter principal para a elaboração de novas melodias. Através de uma escala musical, os compositores vão testando diferentes melodias até alcançar notas que, elaboradas, soam agradavelmente harmônicas, sem haver distúrbios. Nota-se que músicas alegres parecem querer fazer o corpo voar, enquanto músicas tristes tendem a derrubar o corpo. Parecem ser mais pesadas para o "eu" íntimo. A marcha fúnebre é um exemplo de melodia pesada.

Tais compositores investigam o mundo invisível através de suas percepções. Trazem a música de sua percepção (no seu "eu" íntimo) para o exterior. O que antes pertencia somente a ele, agora já está realizado no mundo visível. Ele consegue compartilhar a sua imaginação com os outros. O que antes era apenas parte do seu mundo invisível, agora também pode ser sentido pelos outros. Ele está exercendo o íntimo (mundo invisível) no exterior (mundo visível).

Reflexão

A tarde suspira sobre todas as sombras, levantando um ar de quintessência. A música possui o sistema de significar o Romeu do ar. Um sentimento sem-vergonha pode derrubar qualquer rosa-rubra do pensamento. Deve-se apenas beber da sidra de um sonho semibreve. A música perde o signo singular para a constelação de psi. Quem é verdadeiramente sobrenatural? A solidez da disputa ou a vontade do sol quadrado?

Deus torna-se sempre o sobreceleste, viaja onde o ritmo de cada um não pode chegar. Arrisca-se uma tarde de revés e uma tarde de descanso. Assim o silêncio pode ser sereno e a música um ruído divino.

Confira agora o sentido do tato. Parece ser o menos mágico dos sentidos. Mas ele tem a função de fazer o corpo existir. É ele que conhece o sofrimento do corpo. O tato sente o mundo exterior, tem a capacidade de gozo sobre os objetos de desejo. Parece ser o fim. De que vale ver cores quentes sem saber o significado de quente? O tato conhece o perigo.

Reflexão

O ruim não pode ser sagrado. Sentir o sobrevoo diante das nuvens é como viajar com segredos. A surpresa do segredo é a quantidade exata para o frio sem rotina.

O tato é um dos cinco sentidos clássicos propostos por Aristóteles, porém os especialistas o dividem em quatro outros sentidos: sistema somatorial (identificação de texturas), cinestesia (reconhecimento espacial do corpo), termocepção (percepção da temperatura) e nocicepção (percepção da dor).

O tato tem a responsabilidade de possuir o que deseja, ou seja, é o sentido final. O homem deseja possuir Deus, essa é uma vontade tremenda, possuir para fugir do sofrimento em busca de prazeres, nada pode ser considerado além de uma vontade divina. Estar sempre no cume dos desejos. Possuir tudo e todos. O tato busca possuir tudo e todos assim como o espírito. Essa é a verdadeira vontade do espírito, a busca de possuir. Portanto, há uma relação entre o tato (vontade de posse corporal) e a busca do espírito. A maioria busca possuir tudo e todos (vontade de ser amado). E o espírito somente contenta-se com a certeza de posse através do tato. O indivíduo deixa o prazer quando renega a vontade de possuir tudo e todos. O alcance de sabedoria fica renegado, pois ele rejeita as experiências com o mundo. Não há como negar a vontade do espírito, pois negá-la é negar a busca divina. O "eu" existe para realizar experiências. Dificultar os impulsos da alma é dificultar o sentido de ser, pois ser significa simplesmente existir, e para existir deve-se ter contato com diversas experiências. Quando um garoto encontra a bola, ele sente a necessidade de brincar com ela. Se acaso ele não brincar com a bola, ele deixa de existir no universo desse objeto. Há algo a mais para se deixar levar pela concupiscência do espírito. Por estar sempre à deriva em relação às realizações do redor sobre o espírito, o espírito precisa reagir. As condições que a maioria das religiões impõe sobre os espíritos são muito pobres. Um indivíduo, que passa horas do dia a contemplar um contato com um ser superior, esquece e perde a verdadeira vontade do espírito, que é a de possuir tudo e todos. Um monge, que passa horas do dia a contemplar a natureza, perde a força que o espírito sente de interagir com os outros, pois se não há os outros, logo deixa-se de existir para os outros. Há uma força do espírito para a existência.

Quando um bebê vê uma bola um pouco distante de si, ele aproxima-se engatinhando até obter a bola em suas mãos. O bebê ainda possui um espírito puro, mesmo assim já possui uma tendência para a concupiscência. É o natural do espírito! É o natural do tato! O indivíduo que renega essa potência do espírito quer renegar o próprio espírito. Pois a verdadeira sabedoria somente é adquirida nas experiências com os outros e com o mundo.

A vontade de tato do bebê é a mesma vontade do espírito. A maioria das religiões apenas tenta reprimir essa vontade de tato. Assim como o tato busca, o espírito também busca. Ambos trabalham juntos. O que o espírito quer, o tato precisa.

Reflexão

O teísmo do tato voa sobre a constelação, não há como transformar o sagrado do pensamento em algo ruim. Se todos preferem a solidez, então tudo está sobreceleste. A rota do tato é o pulo do gato para não se tornar pueril. Punição e sol quadrado valem apenas para o quá-quá-quá da quantidade da imaginação. Ninguém consegue sumir do vento ou das luzes. Todos os absurdos fazem paradas sobre o vazio. O princípio verdadeiro é a lógica da substância cansada... onde o branco transforma-se em possibilidade.

O espírito está livre do negativo somente quando as partes estão no espaço do pensamento. A antemanhã surge ao lado das constelações. A rocha torna-se sombra do silêncio. A senhora sem-razão não existe para o espírito que toca o material, para o espírito que não suspira seiva, somente para o espírito do sobressalto do raciocínio... A tardança torna-se descanso.

Deixar de desejar um objeto é dizer para o tato deixar de existir. O tato precisa da satisfação. O tato sempre precisa de mais e mais prazer. Quando o objeto deixa de existir para o tato, logo o espírito torna-se escravo do querer. Um espírito livre da fraqueza é o espírito que deseja possuir tudo e todos. Chorar significa perder a posse de tudo e de todos. Pois existe o sofrimento constante quando existe a falta das coisas.

O tato sente uma necessidade constante de coisificar tudo. O tato quer coisificar. O que ele consegue coisificar, ele precisa. A falta do objeto abre espaço para um certo tipo de sofrimento, a carência. Somente os objetos conseguem aliviar a carência. É notório que os objetos aliviam a carência existente por falta de objetos. Se todos possuem um certo objeto, aquele que não possui sente a carência. Não vale a pena qualificar os motivos. É forçosamente preciso que o tato também quantifique o espaço de suas posses. Está no imaginário a quantidade de posse de objetos por meio do tato. É como se o tato mapeasse todas as suas posses no espaço das ideias. Novamente, o que é visível entra num mundo invisível em relação ao que é de posse do indivíduo. Ele vaga pelo mundo, mas sabe o que é dele e o que não é. Ele sabe o que ele possui de maior valor e o que não possui valor algum.

Há uma viagem do corpo no espaço, mas constantemente suas coisas de valor vagam com ele no seu imaginário. Ele coisifica o valor de seus objetos. O que tem parece representá-lo nos pensamentos. O tato é o sentido que possui essa capacidade de valorizar as coisas, pois é ele que precisa das coisas.

Dentro da realidade, as coisas que pertencem a um indivíduo são parte da sua personalidade, do seu "eu" íntimo. Ter também faz parte do ser dentro de uma sociedade em que as coisas são vistas como o rumo final do encontro com a felicidade. Ter também faz parte do ser. Pois o ser se satisfaz no que é seu, o tato incita isso a todo instante. Não possuir nada leva o indivíduo ao encontro com o vazio, não um vazio de virtudes, mas um vazio do que carrega para ser coisificado no mundo invisível. Há uma diferença entre o indivíduo que possui uma casa e o outro que não possui. O indivíduo que possui uma casa caminha no mundo para proteger, cuidar e enriquecer sua casa. O outro não tem o que proteger ou cuidar, há somente a avidez por tal coisa. O que possui a casa a leva consigo por onde for, ela está mapeada pelo tato que a guarda num mundo invisível. Isso acontece com todos, o tato amplia as sensações e guarda consigo as coisas pertencentes. Parece que aquele que renega o ter, renega parte do ser.

O tato tem a noção exata do ter, e ele busca sempre mais. Fica incompreensível para o tato quando o indivíduo nega a vontade de ter. A sua capacidade máxima é afetada. Nessa vontade reprimida pode surgir o amadurecimento de ideias.

Reflexão

O tato é soberano nas questões do subjetivo; entre ter e não ter, ele prefere o sólido, o corpo, a razão e o material. O riso fica entre as rimas de quantidade. Vale mais o quadro do que a saudade. O amor torna-se azedo. É preferível a queda do sagrado ao abandono da proximidade com o príncipe. Apenas ser soldado não basta para o tato, ele precisa louvar Marte na distância contra Minerva.

O tato precisa tanto de sua paixão pelas coisas que ele prefere coisificar tudo, até os sentimentos e as virtudes. Quando surge o significante "amor" nos pensamentos, o tato logo pretende a posse do significado, pois precisa coisificar inicialmente esse significante. O amor, o tato também quer, mas de uma maneira coisificada. Ele precisa construir o que seja amor para depois possuir. Se um certo indivíduo acende no mundo invisível dos pensamentos a palavra amor, o tato quer o que isso representa. Ele precisa dominar para saber o que é seu, precisa mapear o controle de tudo o que é seu. A única verdade do tato é possuir tudo o que é belo e maravilhoso. O tato não quer o amor da renúncia, da perda, ele quer somente o amor do controle, da posse. Ele precisa coisificar para possuir. O tato pretende possuir tudo que está no mundo invisível. Tudo aquilo que está no mundo invisível, que é belo e maravilhoso, o tato deseja. Não se consegue esconder do tato todas as coisas que existem no mundo.

O tato faz parte do sentido do *id*, ele quer agora, precisa possuir agora tudo o que está no mundo invisível. E essa busca exagerada para o que está contido no mundo invisível pode ser considerada parte de um apetite, pois a busca pelas coisas do mundo invisível é eterna e divina. Não se consegue obter todo o mundo invisível, como também o tato ativo não se cansa de querer tudo e todos, pois tudo e todos estão ligados às ilusões ou aos sonhos eternos.

O tato também quer abraçar as virtudes, ou seja, também quer coisificá-las. Se a verdade existe, logo o tato precisa encontrá-la. Quando no indivíduo a verdade torna-se visível nas imaginações, o tato precisa obtê-la, precisa segurá-la. A verdade precisa ser coisificada para o tato compreendê-la. Se a verdade aparece como sendo alguém no mundo invisível, é preciso encontrar esse alguém, é preciso dominá-lo. Se a verdade é um fórum de justiça, também é preciso dominá-lo. Não há como o tato perceber a verdade no ato de se dizer a verdade, porque palavras não são coisas. Para o tato tudo tem de ser uma coisa, ele somente reage à substância, ao concreto, ao material, ao denso. E aquele que nega a vontade do tato está negando a vontade interior mais humana que existe.

Assim, impossibilitado de coisificar a verdade, o tato começa a acreditar que a verdade seja algo divino, algo superior. Com a coragem acontece o mesmo, o tato não consegue coisificá-la, logo ela torna-se divina. No mundo invisível a coragem pode aparecer como um homem forte, porém a coragem tem de estar no próprio indivíduo, pois o tato quer possuir. Quando não se possui a coragem, o pensamento pede para o tato encontrá-la; impossibilitado, o tato tenta assimilar a coragem como sendo um sonho distante, pois o tato é a finalidade dos sentidos. Os olhos veem, mas é o tato que conquista as coisas para que entrem na posse do indivíduo. A coragem torna-se divina por não haver a possibilidade de o tato possuí-la. A coragem é demasiadamente elevada para o apetite do tato.

A prudência também não pode ser coisificada pelo tato. No mundo invisível a prudência pode ser vista com vários significados: pessoa cautelosa, um animal rondando a caça, pessoa paciente... Esses significados surgem diante do significante "prudência". Porém esses significados não podem ser capturados como sendo a prudência, portanto, ela não pode ser coisificada, e surge novamente a frustração do tato diante da prudência. O tato não consegue possuir a prudência. Ainda que esteja no mundo invisível diante de um significado, a prudência não existe como tal. Logo, a prudência torna-se divinizada diante do tato. Este, apesar de usar todos os meios, não pode possuir a prudência.

A fortaleza pode ter vários significados (homem forte, um leão, um elefante, um vulcão...), porém, mesmo assim, não pode ser identificada como sendo fortaleza. Esses elementos aparecem no mundo invisível como significado, e não são realmente a fortaleza, a capacidade de resistir aos sofrimentos. Mas todo espírito humano deseja possuir a fortaleza, e em todo desejo existe o apetite do tato de possuir, pois, para o indivíduo, o funcionamento do espírito espera agregar coisas em seu domínio. É preciso mapear o que é seu e a fortaleza é tão desejada quanto qualquer outra virtude, mas é impossibilitada de estar nas mãos do tato. Torna-se assim divinizada, como se fosse um poder celestial. Será impossível alcançar a fortaleza somente com o tato.

Reflexão

O televisual das virtudes é apenas semicírculo para a senhora do tato. O silêncio torna-se rotina de romance improvável. Provocar a constelação é como provocar a própria ruína. A saudade torna-se azeda, e o que é sincero é apenas rocha sem textura, rocha dos séculos. Tocar o raciocínio é tocar a quarta parte do que é sagrado no espaço das coisas. O destino certo é propor alguns recados na paz de alma. Ares torna-se tão certeiro quanto um choro maduro, quando a paz de alma é a mais letal das nuvens.

As virtudes ou um principado? A lógica é o próprio nhe-nhe-nhem do principado. A mudança pode ir além das frases das virtudes. A mudança é abraço sem qualquer machado. A mudança é a eterna noiva da passagem de um merecimento. Tão distante torna-se o tato do princípio. As virtudes fogem do número exato do tato, fogem do corpo tardio, fogem das mãos temperadas.

Outra virtude que não pode ser coisificada pelo tato é a temperança (saciedade do espírito). Saber estar satisfeito com poucos copos de água por dia já é o suficiente para a temperança. No mundo invisível a temperança é percebida como uma pessoa calma ou um pássaro que voa tranquilo. Para tal, há vários significados no mundo invisível, mas essa virtude é impossível de ser coisificada como existente de maneira sóbria e maciça. A temperança não existe como matéria no mundo visível. A temperança somente pode ser alcançada pelo espírito. É mais fácil dizer que alguém é temperante do que dizer: "Isso é a temperança". Logo, se o tato não pode alcançar, para ele a temperança é um ser divino.

Por mais que seja tolhida, a bondade é outra virtude apreciada entre os homens. No mundo invisível ela pode ser percebida como alguém fazendo caridade para outro. Há vários significados para a bondade, mas ela não pode ser capturada como um objeto com textura e densidade. A bondade não é uma coisa, pois pode ser demonstrada somente por meio dos atos. Por isso o tato não pode reconhecê-la dentro de seus domínios. Não há como o tato possuí-la como sendo sua. A bondade faz parte do espírito do bondoso. Todos precisam parecer bons diante dos outros, por isso, muitos desejam a bondade. E já que a bondade não pode ser consumida pelo tato, ela torna-se parte do que é divino. Bondade é parte integrante de qualquer religião. Por mais que o tato busque coisificar a bondade, ela foge, escondendo-se dentro do espírito dos bondosos.

Identificar a bondade numa coisa é impossível, mas o tato tem sede de tudo que é bom, belo e maravilhoso. O tato precisa mapear suas posses. Muitos querem ser tidos como bondosos, mas para isso, somente o espírito de cada um contará. Como os homens têm a mania de comercializar todas as coisas, a bondade, se fosse uma coisa, também seria comercializada para a alegria do poder do tato. Mas por uma força de natureza, a bondade não é uma coisa e paira livre em alguns espíritos humanos, paira no mundo invisível de cada um. Ou seja, a bondade é algo perceptível somente pelos espíritos. Torna-se então divina.

Reflexão

A bondade tem a tendência de fazer ruir o sobreceleste; afinal, o silêncio tem o pudor para proteger o múltiplo. O silêncio e a bondade são apenas abraços nítidos para um descanso sublime. A bondade invisível sempre absoluta nos príncipes e assassinada pelas princesas. Elas preferem números, quantidades e espaços, para romper o céu lilás como se rompe a imaginação. A bondade artificial não compartilha com a natureza, não é legítima para os pares, não consegue ser inocente nos absurdos.

Um nó de bondade falta para aqueles pesados e perpétuos dentro do outono. Quando consideram a bondade vazia, ela torna-se espada lógica do revés. Nem de toda bondade vive aquele que respira apenas a graça letal do éter dos deuses. Se Ares não a possui, Atena doa como caridade para os espíritos de mudança.

Não há como o tato desejar os vícios (maldade, mentira, covardia, fraqueza, intemperança...). O tato sente com primazia o esplendor das virtudes e busca sempre o belo, bom e maravilhoso. Assim, quando precisamos de uma tesoura, queremos sempre a melhor; quando queremos uma roupa, queremos a melhor. O tato quer trabalhar sempre com o melhor. O melhor é o que melhor serve. O que impede o tato de adquirir as virtudes é o caráter divino das virtudes. Elas foram feitas apenas para o espírito.

Os sentidos como o paladar, o olfato, a visão e a audição somente incitam a vontade e o desejo do tato. Pois quando sentimos um gosto agradável para o paladar, o tato tenta logo possuir, mapear aquilo como sendo seu. O mesmo ocorre com o olfato, se respiramos algo agradável, o tato logo quer saber o que é, ou seja, quer mapear aquilo como sendo seu. É importante para o tato possuir o que seja agradável, pois ele está determinando as coisas no mundo invisível. Se alguém avista uma bela imagem, de coisas ou não, o tato pretende em seguida mapear aquilo como sendo seu. O tato exagera a vontade do ter. Se alguém ouve algo agradável, logo o tato quer saber de onde vem o som para capturá-lo. Tudo pertence ao tato. Ele sabe o que é seu, e, mesmo assim, ainda quer mais.

Nisso o tato pode ser considerado como sendo o último dos sentidos, pois ele é quem captura as coisas como sendo somente suas. A vontade do ter está ligada intimamente com o tato.

Reflexão

A terra tem cheiro, mas somente é considerada posse se o tato dominá-la. A tardança do silêncio não vale como fim. A tardança espera somente a tendência do tempo... ora vazio, ora sombra.

Se Deus é o bem supremo, como conceituado na maioria das religiões, logo ele possui todas as virtudes. Como as virtudes não podem ser coisificadas, ficam como sendo sopro divino entre os seres. Deus, sendo assim, possui bondade, verdade, lealdade... ou seja, seria a perfeição entre todos os seres existentes.

A dificuldade de se coisificarem as virtudes, impedindo que o homem tenha a posse delas, leva a desenhar uma estrutura infalível do alcance das virtudes: ou você as possui no espírito ou não possui. Esse enfraquecimento do poder humano leva a entender as impossibilidades que um ser divino causa entre todos. Não há como ser o mais bondoso de todos, pois na totalidade dos seres há o mundo visível e o mundo invisível. Não há como deter a bondade para si, pois ela existe em vários espíritos. Aquele que se torna o mais bondoso acaba renegando a bondade dos outros, e essa renegação o torna enfraquecido de bondade. Não há como a bondade estar presente em absoluto dentro de um espírito, pois uma virtude sempre nega a outra. Um indivíduo com coragem absoluta pode ser demasiadamente destruidor. A virtude absoluta somente pode estar presente no poder máximo que rege o universo. Se não houver esse poder máximo, então todos estão numa guerra pelo controle do poder máximo. Todos querem a virtude absoluta. Quando é dito virtude absoluta, logo é pensado um ser perfeito. Sabe-se que todos são falíveis, mas todos buscam as virtudes, pois precisam ser amados. Essa busca contínua da humanidade pela perfeição tenta sempre derrubar o poder máximo de algo divino. Pois somente aquele que é divino pode ser perfeito.

Mesmo assim, a comoção do amor cria uma enorme profusão de indivíduos que buscam a virtude absoluta. É uma guerra que não cessa nunca. E se daqui a mil anos houver um ser que derrube Cristo e o seu cristianismo? A ferocidade do amor está presente em todos, até entre os maus há um certo tipo de busca pela virtude. O amor agrega todos nessa redoma. Sabe-se que no mundo visível há a guerra pelo controle da virtude absoluta, muito vista entre comandantes e políticos.

Não há como coisificar o amor, o medo, a vingança, a compaixão, a bondade, a maldade, o apetite, a sabedoria, a justiça, a coragem, a covardia, a injustiça, a ignorância, a prudência, a modéstia, a soberba, a humildade, a magnificência, a temperança, a fortaleza, a fraqueza, o desprezo... e outros sentimentos, virtudes e vícios, porém, os gregos coisificaram a bondade com Apolo, a sabedoria com Atena, o ódio da guerra com Ares, a loucura com Atê, o ciúme com Hera, o amor com Afrodite. A verdade é que somente deuses podem adquirir o aspecto da virtude absoluta, pois os mortais precisam de uma virtude na falta de outra.

Quando se pensa em Cristo, não há como deixar de pensar em amor, compaixão, humildade... Assim, a coisificação mais próxima do amor, para os cristãos, é a imagem de Cristo crucificado. Portanto, quando um cristão pensa: "Estou sendo humilde", o pensamento mais breve possível que chega à imaginação é sobre Cristo. Uma religião exercitada por tanto tempo faz com que as virtudes sejam ligadas rapidamente ao Deus dessa religião.

Nos países ocidentais a imagem de Cristo está sempre presente na imaginação dos indivíduos. Muitos ainda não perceberam, mas quando estão sendo humildes, a imagem de Cristo sobressalta a sua imaginação. A coisificação das virtudes somente pode ser feita através de Deus e mesmo assim ainda faltam argumentos mais decisivos para essa coisificação.

Reflexão

Há mais tipos de deuses em cada tendência. Alguns se esquecem do tempo tardio do suspiro. Uma sombra pode ser a saída de uma quantidade de saudade. É mais fácil avistar o quadro do que rumar para o rodapé de uma constelação. O amor pode ser um sopro de um talvez. Vale mais amar livremente do que estar no amor pesado. A senhora no material está tão próxima que sobrevoa cada queridomeuamoreco. Proporcionar a novidade pode ser a menta soprada pelo coração. Não se alcança a lebre... alcançam-se sempre os lobos.

Deus coisificado pelas virtudes, por reger o universo, tende a deixar uma bigorna para pesar os crentes. Não há nenhuma possibilidade de elevar a todos, pois se todos se elevassem, Deus perderia seu caráter divino, porque assim não haveria mais as súplicas e os pedidos. Deus derramaria sempre suas lágrimas para baixo. Como haveria Deus se todos fossem reis? Ele não seria mais visto como o Todo-Poderoso, pois todos também seriam poderosos.

A dificuldade de estabelecer um vínculo entre as virtudes e as coisas transforma as virtudes em algo ainda não reconhecível.

Os homens não conseguem classificar muito bem as virtudes. Por isso dizem: "Somente Deus é de bondade infinita!". Ninguém pensa num amigo que seja mais bondoso para com ele do que Deus. Isso ocorre porque Deus faz parte do "eu" íntimo, quer dizer, somente eu posso ser o mais bondoso para comigo mesmo. E somente Deus pode participar do "eu" íntimo. Pode acontecer de um assassino (maldade) acreditar mais em Deus do que um pacato indivíduo qualquer. Pois ele acredita fielmente que a divindade está por ele. O "eu" íntimo não consegue se desvincular de uma entidade divina.

Objetivamente, nenhum ser racional consegue se desvincular de uma entidade divina. Até os ateus possuem suas fraquezas diante do relacionamento com o universo, pois se alguém precisa de alguma coisa, logo ele possui uma fé inerente, que, apesar de ser dita como não fé, reside na necessidade de um pequeno vazio suave que importa para a força do "eu" íntimo. A sorte não consegue ser derrubada sem o aparecimento ou o retorno do bem divino. Pode-se não acreditar em Deus, mas nunca se consegue libertar do bem divino ou do mal divino, pois a vida de qualquer um está entre prazeres e sofrimento. O ateu apenas quer mentir sobre acreditar em algo divino, basta o mistério da morte para a imaginação vasculhar o mundo invisível.

O prazer e o sofrimento controlam a vida de um indivíduo. Todos buscam o prazer e fogem do sofrimento e assim o universo é regido, por isso não há como, nem por um pequeno instante, deixar de vasculhar um certo mundo invisível. A existência de um bem divino e de um mal divino facilmente consegue esclarecer um incréu, pois na vida há o bem como há o mal; às vezes, prazer; outras vezes, sofrimento. Logo, como todos buscam o prazer, há um embate infinito em busca do próprio. Quase ninguém consegue passar pela vida sem conhecer o sofrimento. Todos conhecem a tormenta de um sofrimento e, como não há quantidade no sofrimento, todo sofrimento pode ser considerado absoluto. Um exemplo: alguém perdeu o pai e outro alguém perdeu o namorado. A primeira premissa pode ser considerada um mal maior, como ensina a boa ética. Mas o alguém da segunda premissa pode estar sofrendo bem mais. Entendemos assim que não se pode quantificar o sofrimento. É apenas um mal que ninguém deseja para si. As forças interiores do "eu" íntimo querem se libertar de um sofrimento, o "eu" íntimo recorre então a ele mesmo que está sofrendo? O "eu" íntimo é apenas um só. Como, sendo único, alguém reivindica a ajuda dele mesmo? Se não há a existência de Deus, ele precisa suportar o sofrimento (fortaleza). Mas suportar o sofrimento requer amar a vida, e a morte é rejeitada por todos. Como não é conhecido o além-morte, todos temem o que não conhecem. A morte, o mal divino, ensina esse alguém a suportar o sofrimento. Então algo divino regula a ajuda que o "eu" íntimo tanto precisava para vencer o sofrimento.

A soma dos sofrimentos não pode superar a vontade de vida. Se isso ocorrer, perde-se a fortaleza do indivíduo e, quando se perde a fortaleza, perde-se a esperança, talvez uma das palavras mais bonitas do código humano. A esperança fala de vida, de felicidade e de amor...

Reflexão

O tigre deve ser a fortaleza e o pássaro, a esperança. A terminação da terra é a fraqueza do tigre e o último voo do pássaro. Talvez, apenas soprar não é o domínio sagrado do sabre. O semibranco tem espaço para a surpresa, tem espaço para o semelhante. A vida pode ter quinhentas rimas, mas somente a esperança é construída por palavras. Quando esse tigre é robusto, nada terá proporção, nada será sem razão. O tigre tem de estar faminto para derrubar o soberano. O sem-vergonha é azedo, o apolíneo é escudo e Ares, a espada. Quem possui a fortaleza sólida pertence ao batalhão de Ares. Às vezes é preferível o sangue de Ares à diplomacia de sua irmã Atena. Deve-se ter pena daqueles que não possuem inimigos.

O sistema somatorial identifica as texturas. Quando se passa uma lixa no braço, o cérebro logo identifica a textura áspera; quando se passa um algodão, o cérebro identifica a maciez. O mundo invisível também identifica tais texturas e logo consegue coisificá-las; o algodão pode ser coisificado, assim como a lixa. O homem começa a conhecer o mundo assim.

Quando a lixa é identificada como áspera pelo sentido, logo a visão determina sua textura sem ser necessário tocá-la uma segunda vez; assim um sentido despertou outro sentido. Ao ouvir o ruído do toque da lixa no braço, outro sentido também foi despertado: a audição. Assim conhece-se o mundo. Agora, no momento que o significante "lixa" aparece para a mente, o significado fica preso pelos sentidos: o áspero no braço, a visão da lixa e o ruído que a lixa processa em contato com o braço. Todos esses sentidos ficam presos no mundo invisível e assim o indivíduo já consegue antecipar todos os sentidos que ele terá em contato com a lixa através do mundo invisível.

Qual a identificação sensorial quando se ouve o significante "Deus"? Qual o significado? Um senhor velho e bondoso? Mas qual é a sensação? Pode ser de proteção, pois o "eu" íntimo precisa de uma defesa. Se a sensação é de vazio, quase sempre pode ser percebido como um vazio inerente ao "eu" íntimo. Se o vazio existe, ele logo é percebido com a aproximação do "eu" íntimo. Esse vazio, se vier acompanhado do significado de Deus, é preenchido em poucos instantes com o "eu" íntimo, e esse "eu" íntimo possui um prazer imaginado. Nisso o "eu" íntimo não é percebido como completo vazio, pois existe o prazer imaginado (um desejo). O vazio não existe, porque existe o "eu" íntimo e sua busca por prazeres.

A textura da lixa já está apreendida pelo universo do mundo invisível. O indivíduo não precisa mais do toque da lixa sobre a pele para obter essa sensação, que agora pode ser sentida através do mundo invisível. O mesmo ocorre quando você tenta buscar o significado de Deus. A presença divina está ligada ao "eu" íntimo, que é inseparável da busca de prazeres e da fuga de sofrimentos. Decorre assim a existência de um mundo invisível, pois há as sensações sem haver o toque da lixa com a pele. Se há as sensações, portanto, há um espaço diferente do real. Nesse espaço o que não se consegue coisificar é Deus, como também não se consegue coisificar a esperança ou o amor, mas é possível senti-los no espírito. E tanto a esperança como o amor são sensações sem textura, sem cheiro, sem visão, sem gosto e sem som. Mas sabe-se que são sentidas pelo espírito, pois há sensações diferentes ao corpo quando se está esperançoso ou amoroso. Deus poderia ser visto como algo que ajudaria a alcançar o bem do próprio indivíduo. O "eu" íntimo existe sem a supremacia dos poderes sobre a vontade e o desejo. Existe a falta do "eu" íntimo, que sente quando existe a falta do poder para ser sentido.

O âmbito da moral nasce no "eu" íntimo já bastante cedo, quando surge a razão. Quando o garoto adquire o conhecimento sobre a morte, ele adquire o senso comum de moral e razão e assim ele consegue assimilar a diferença entre o bem e o mal. Nessa fase o conceito de Deus, de extrema obediência, é gerado por meio dos pais, e cabe ao jovem decidir obedecer ou não os preceitos dos pais. Essa é a primeira relação estabelecida entre Deus-pai e o filho. O jovem começa a entender as regras do funcionamento da casa e as desobediências podem ser reprimidas com castigo. Apanhar traz sofrimento, mas o prazer que uma criança tem pela vida é insuperável. Com isso ele aprende a ter continência diante dos pais ou não.

A razão nasce ainda muito cedo...

Reflexão

Tingir a alegria com um teor de sofrimento é o que o soberano de si faz. A alegria dos alegres é uma alegria infantil. Somente o soberano de si sabe que o sofrimento é útil para a experiência da guerra de Ares. Entre Apolo e Dionísio há eternos vícios, mas a guerra de Ares é uma eterna virtude.

A rosa-rubra murcha com o tempo e com a sobrecarga. A saudade pode se tornar tão sólida quanto a bigorna. O peso está sobre o sistema, terminando em morte do romance, com a morte de Romeu apaixonado. A Terra é a mãe do masculino, mãe do tempo, enquanto o silêncio é pai do feminino... a própria morte do feminino... a morte do amor floral é a morte de Afrodite e o triunfo do sangue que Ares derrama com sua lança.

A cinestesia é o reconhecimento espacial do corpo. Esse sentido é bastante agudo para aqueles que praticam esporte. É como se houvesse um radar ao redor do corpo do indivíduo. Quando um corpo caminha entre transeuntes de uma cidade grande, ele percebe com antecedência até os passos das outras pessoas, pois todos os outros sentidos estão despertos juntamente com o tato. Quando uma pessoa ruma em sentido contrário no mesmo caminho, a sensação do tato já consegue antever o trajeto através do mundo invisível, que está desperto antes mesmo das duas pessoas se cruzarem. Uma pessoa está mais à direita do que a outra, então pela necessidade de facilitação do trânsito, o mundo invisível sugere o desvio pela direita. É quase que um pensamento instantâneo e breve. Para a escolha de se passar pela direita são levados em conta a facilidade, a segurança, a brevidade e o objetivo. O tato sente o momento exato de se desviar para a direita, ele percebeu todas as dificuldades impostas pelo caminho. O tato sabe antecipar o futuro simples; somente não consegue fazer previsão de acidentes. Na maioria das vezes ele acerta. É o caso de se subir uma escada: sabe-se que o objetivo é chegar lá no alto, o mundo invisível descreve o percurso antecipadamente. Porém, o acidente pode ocorrer devido ao desgaste da escada, e assim ela quebrar com o indivíduo no alto. Por isso, para se obter uma proteção divina deve-se recorrer à atenção. O mundo invisível enxerga somente o que a atenção enxerga.

Essa atenção somente é evocada pelo "eu" íntimo, nunca pela mente. Mente e corpo são propriedades do "eu". A atenção também não pode ser coisificada, mas pode ser praticada, é ela que protege dos perigos da vida. O "eu" que evoca rotineiramente a atenção tem melhores possibilidades de evitar o sofrimento. Como o "eu" íntimo tem elo com os outros, pois há uma necessidade de se diferenciar dos outros, o "eu" liga-se a todos (multiplicidade) para obter prazeres. Esse "eu" somente consegue enxergar Deus, se esse Deus estiver necessariamente ligado às vontades do "eu". Se é assim, todos, de uma forma ou de outra, pensam em Deus separado do "eu", mas somente consegue-se acreditar na existência de Deus se ele fizer somente o bem para o "eu" íntimo. O bem é somente o bem de si próprio no pensamento universal, pois ninguém deseja o mal de si próprio.

O "eu" consegue interagir com tudo ao seu redor. A cinestesia da mente é usada para isso. Por isso as ações de cada indivíduo podem aglomerar sofrimento ou prazer pra cada um. Aqueles que negam os prazeres possuem uma mania de sofrimento no uso de suas habilidades. Somente se faz caridade, se essa caridade trouxer prazer (o prazer de ajudar os outros). A colocação do "eu" íntimo no mundo passa invariavelmente pelas suas ações. Quem sente a necessidade de fazer caridade total, ou seja, abdicar de todo o uso da própria sobrevivência, necessariamente busca o sofrimento, pois seus sentidos não terão mais escudos contra a maldade alheia.

A atenção que não pode ser coisificada, pode ser qualificada. Quando um indivíduo caminha por uma estrada, seus sentidos estão despertos para antecipar qualquer mal. Seja um carro que venha em sentido contrário, ou um animal selvagem na imediações, ou o calor do sol. Se o calor do sol está em demasia, logo sua atenção desperta para a necessidade de obter água. A atenção tem a vontade de proteger o mais rápido possível. É a atenção que escolhe os destinos. A atenção é invisível, ela projeta os medos e transforma esses medos em visões para o mundo invisível. Numa noite fria, a atenção aponta para necessidade de se abrigar contra o frio, pois teme-se morrer de frio. A atenção existe e é sempre o primeiro apelo para se distanciar dos sofrimentos. É preciso buscar atenção para tudo que é decidido pelo "eu" íntimo, é ele quem coordena a mente e o corpo. Quem possui atenção em demasia, aumenta mais facilmente a probabilidade de antecipar os fatos e os movimentos das coisas. Ter atenção em demasia é como prever o que acontece ao redor de si. É ela que pode te salvar de uma série de sofrimentos.

Muita atenção tem o espírito vidente, aquele que enxerga além. Desatenção é o risco do sofrimento futuro. Possuir atenção, em tudo o que se faz, traz à luz a reflexão e o pensamento.

Se quiser usar um barco para atravessar um rio, deve-se ter atenção para saber se o barco não está furado, se é resistente, se possui capacidade de navegação. Quanto mais a atenção for desejada, mais o espírito torna-se vidente do futuro.

Quem possui atenção para tudo que está ao seu redor aproxima-se verdadeiramente das forças divinas ocultas no futuro. Assim, consegue estabelecer como dom divino seu próprio futuro. Tem mais facilidade em domar a própria história de vida.

A atenção é o que se tem para se chegar o mais próximo possível das previsões sobre o futuro.

Reflexão

A tirania que a punição causa ao subjetivo da alma parece ser pior do que o sol quadrado. É como sobrecarga de silêncio nas rimas, elevando a sem-razão para o segredo do sopro e da proporção. Conhecer a rocha desejada como senhora da tarde serena é conhecer o teísmo do talvez.

A atenção está dividida em constelações onde brilha a quantidade, a brisa e a pergunta. É nítido saber que o pastoreio divino necessita de partículas do absoluto. Nada pode ser tão absurdo como esquecer as nuances da própria alma.

Lutar como lebre que foge do lince é como marchar em direção do próprio príncipe. Atenção nas asas, no vento, na imensidão, no espaço e na própria força para poder voar. Todas as alturas possuem revelações que qualquer febril enxerga com saúde e alívio.

A termocepção é a capacidade do ser de perceber a temperatura.

Depois de experimentadas diversas nuances de temperatura, a mente consegue reproduzir a sensação do quente e do frio. Essas sensações estão armazenadas no mundo invisível. Nota-se assim a sensibilidade do sentido do tato influenciado pela mente. O "eu" pode sentir o quente ou o frio sem haver essas temperaturas.

O "eu" experimenta as sensações do corpo através da mente, mas o "eu" não é nem mente nem corpo. Mesmo o "eu" sendo inseparável de mente e corpo, ele possui condição única de existência, pois mente e corpo são propriedades do "eu". Logo, o "eu" experimenta o quente e o frio através do corpo e da mente. O "eu" existe porque sabe-se que existe algo comandando mente e corpo. Tanto o quente como o frio podem ser vistos como ilusões do corpo e da mente que o "eu" experimenta.

O "eu" íntimo está dentro de uma multiplicidade de outros eus, essa totalidade pode ser vista como uma realidade divina, pois da totalidade é que se erguem as crenças e religiões. O total da crença é a vontade de crer, e o "eu" íntimo participa dessa totalidade. O quente e o frio são normalmente constantes para cada um na multiplicidade e são experimentados como a vontade de crer. Se dois seres se aproximam de uma fogueira, os dois irão sentir calor. Da mesma forma, dois seres que creem também experimentam o mesmo ensinamento. Portanto, seus mundos invisíveis estão em equilíbrio de ideias. Se na religião dos dois a compaixão é desperta constantemente, ambos possuirão o significado da compaixão numa mesma elevação. Isso ocorre porque ambos são "eus" experimentando as ilusões do corpo e da mente.

Sabe-se que o "eu" existe comandando mente e corpo, mas não se sabe se o "eu" ainda existirá sem mente e sem corpo. Desta forma o "eu" torna-se vazio. Mas como poderá existir o vazio? Afinal, onde o ser continuar existindo, o vazio deixará de existir. Um lugar inabitado deixará de ser vazio assim que alguém chegar. O "eu" existe, mente e corpo também. Se acaso mente e corpo se extinguirem com o "eu", logo haverá o vazio, mas o vazio não existe, pois se o vazio for descoberto, logo deixará de ser vazio. Sendo assim, o vazio não existe. Não existe a possibilidade de existir o vazio, pois se o vazio existir, logo deixará de ser vazio. Logo, o "eu" existe, pois não existe o vazio. Importante notar que a existência do vazio nega a própria existência do vazio.

Quando o ser sente o quente e o frio, ele experimenta as ilusões da sensação. Quando ele crê em algo, ele também experimenta as ilusões da sensação de crer em algo. Da mesma maneira que existem as ilusões da sensação do quente e do frio, há também a existência das ilusões da crença. Se o ser crer na própria existência, ele também crê na existência do outro, mesmo ele não sendo o outro, mesmo não experimentando as sensações do outro. O "eu" vê o outro, toca o outro. O "eu" não vê Deus nem pode tocar, mas há somente a visão dos olhos? Sabe-se que a mente consegue produzir outras visões.

Reflexão

O vazio tirano não existe para o soldado do silêncio. Muitos sopram para o subjetivo, mas somente o rugoso transforma o pueril. Se o vazio significasse o singular, haveria rito em cada consciência. Bravio são os quinhentos segredos das nuvens serenas. Proporcionar paz de alma é como protestar para o sobreceleste. O eu existe para a constelação ou para a ruína, nem a solidez do branco faz a princesa perder a lógica... Voe apenas nas possibilidades.

A nocicepção é a percepção da dor...

A dor existe tanto para o corpo como para o espírito. O processo cíclico da vida, a presença divina somente existe por causa da dor. Todos buscam fugir da dor, por isso todos precisam de um "eu" íntimo provido de fortaleza.

O "eu" íntimo somente é entendido dentro do universal por causa da dor. A dor pode ser o instante último para a morte, por isso todos a rejeitam. Nisso surge a construção do universal devido a uma grande rejeição da dor, afinal, mais temida do que a morte, somente a dor.

Até o corpo está preparado para rejeitar a dor a qualquer instante. Ao primeiro contato com a dor, o corpo reage instantaneamente; não é preciso nem refletir ou pensar no que se está sentindo, o corpo naturalmente foge do dolorido. E se o corpo reage instantaneamente contra a dor, o espírito deve fazer o mesmo contra as dores do espírito.

As dores do espírito são chamadas de sofrimento. Como o "eu" existe inseparavelmente de mente e corpo, acredita-se que quando há o sofrimento o "eu" sofre. Se o "eu" fosse imortal, logo ele não sofreria um mal de forma alguma.

Quem sofreria seria somente mente e corpo. Mas existe algo na natureza humana que faz exagerar os modos de sofrimento. Se alguém perde um parente próximo, essa pessoa tende a exagerar o sofrimento por motivos culturais, porém o "eu" consegue tornar-se imutável diante de qualquer tragédia que não seja a sua. Diante do sofrimento dos outros, o "eu" íntimo permanece imutável, pois sua mente e seu corpo não sofreram transtornos. O "eu" realiza-se somente com mente e corpo; quando não atingimos nem a mente e nem o corpo, o "eu" permanece em estado natural, sem modificações. Portanto, não há dor da qual padecer.

É natural na existência cíclica do ser a busca da felicidade a todo custo, e com bastante dificuldade, para não cair facilmente e novamente no sofrimento. Enquanto para o encontro da felicidade exige-se muito esforço, para se cair em desgraça basta somente o quase nada. Isso ocorre devido ao exagero de todos em relação à concupiscência (apetite sexual e apetite de riqueza e poder). Aqueles que menos qualificam a concupiscência, quando retornam para seus momentos de tristeza conseguem suportar o sofrimento com mais nobreza. Já os que qualificam em abundância o valor da concupiscência tendem a sofrer mais, pois seus pensamentos são refletidos em forma de números, e quando os números são baixos, seus valores sobre a vida também são.

Em toda filosofia oriental existe um esforço muito grande para se ter o desapego aos bens materiais. Ter a matéria não significa possuir apego às coisas. Vítimas de latrocínio são assassinadas muitas vezes por ter apego ao objeto que o ladrão desejava. Às vezes, enfrentam até armas para não perder o objeto de preferência. No mundo ocidental, o "meu" vale bem mais do que o "eu" e muitas vezes o "meu" assume os valores do "eu".

Deve-se ter a consciência de que as coisas flutuam sempre para o nada, pois o "eu" íntimo é o único valor que pode assumir a totalidade da existência, pois ele está mais próximo da imortalidade do que o "meu". Lembre-se, se o vazio existir ele acaba negando a própria existência. Se alguém está no vazio, logo o vazio deixa de existir. Assim, o "eu" é fundamental e mais próximo da felicidade que o "meu". Aqueles que vivem somente para acumular bens, aproximam-se do "meu". O "meu" passa a ser a importância da sua vida e acabam se esquecendo da sua utilidade para a existência. Lembre-se, o "eu" está mais próximo da felicidade que o "meu". O espírito do "eu" torna-se livre do fascínio pelas coisas. A tendência do amor e da compaixão vale como fonte de vida leve com a qual se atinge as alturas do espírito. Por mais que as forças do corpo solicitem a presença da concupiscência, ela não é a única verdade do mundo.

Os homens fazem de tudo pela concupiscência; roubam, matam, mentem, enganam, estupram e têm uma série de outros vícios. O apetite pelo sexo, pelo poder e pela riqueza parece ser a fonte de felicidade do mundo ocidental, principalmente no mundo cristão. Há um enorme engano para os famintos de concupiscência. O corpo nunca se satisfaz com a concupiscência, sempre quer mais e mais. Para os mais pobres a concupiscência é um fator decisivo para se cair numa vida de vícios da alma. E quando o corpo pede mais, se não houver continência a descida à porta do Hades é inevitável. Os que misturam o amor com a riqueza podem estar condenados a viver pelo instante do "meu". O "meu" preenche somente o corpo, pois para o espírito as coisas, objetos e matérias, tudo isso garante apenas um vazio enorme. Existem cônjuges de ricos que passam a vida inteira esperando a morte do parceiro, acreditando que a riqueza trará felicidade.

Não existe felicidade sem sabedoria. O "eu" somente consegue ser impulsionado pelo contínuo modo de desejar possuir virtudes. A riqueza preenche apenas parte do que o "eu" íntimo solicita. Outras virtudes existem e precisam ser utilizadas continuamente para o bem-estar do espírito.

Não se pode misturar fé com concupiscência, pois quando fé torna-se concupiscência, o espírito adoece. O mundo invisível fica carregado de objetos de desejo. O mundo torna-se pesado demais por tantos desejos. Há coisas e mais coisas que o "meu" necessita, mas que o "eu" não carece. O "eu" vive de respirar apenas a felicidade que se rompe facilmente em qualquer destino.

Reflexão

A concupiscência pode ser o sólido, mas a terra é tardia com a leveza da chuva. Sobreviver ao silêncio seria tilintar a terminação da surpresa. Ainda espera-se o rompimento com a concupiscência. Ainda espera-se o rodapé do próximo. Para sentir a psi somente a prudência para ser sincera no revés. O cântico da noite é preferido pelo riso e não pelas rimas. Agora mais suspiros pelo sistema, agora mais silêncio para todos. Nunca silencie a tendência do tirano dos pensamentos.

O tirano dos pensamentos pode ser o sopro, pode ser o prumo e pode ser o descanso. Tiranize todas as suas sombras e seus medos. Pois a saída é como uma brisa de quantidade sobre o rumo e sobre o destino.

Além das premonições da procura há a musicografia da piedade. Piedade é perdoar o nítido, pois perdoar o absoluto é como perdoar o maciço cansado.

Quando se pensa numa vida melhor, o mundo invisível já carrega consigo as imagens dessa vida melhor. Assim pode ser considerada a esperança: como uma sensação boa de novidade e de descanso. A esperança é sempre vista como um Deus interior que traz consigo a bonança e a felicidade.

O maior bem das coisas divinas é a esperança. Ela é o pássaro que voa sobre as nuvens. Todos presenciam esperança dentro de seus medos. Perder as esperanças é como morrer.

Se Deus existe, ele existe como bem supremo, pois não há como acreditar em algo que exista no íntimo do "eu" para desagradá-lo. Às vezes, o "eu" íntimo suspende o pensamento para algo divino, essa suspensão pode ser chamada de esperança. Enquanto há vida, há a esperança. Um indivíduo que não deseja mais nada do mundo (ou seja, sem esperança) é um indivíduo nulo para sentir uma espécie de presença divina, pois, se tudo o que ele quer, ele possui, não há como o seu "eu" íntimo ter pensamentos sobre coisas divinas. É algo como: para alguém, a amizade é uma coisa divina, para outro é apenas lixo. Pois para alguém existe a esperança de ter uma amizade, para outro não existe essa esperança, pois ele já possui.

Seres que não possuem a esperança na percepção das ideias são seres que não possuem a lógica de pedir a Deus. A lógica de Deus é que, sendo Ele o poderoso, pode oferecer através de seu poder a felicidade. A felicidade não está nos objetos, mas para muitos a felicidade encontra-se nas coisas do mundo, pois desejam, e desejar é um ato de extrema naturalidade. Aquele que possui tudo o que deseja, sendo coisas ou virtudes, acaba se distanciando da esperança. A esperança não existe no "eu" íntimo, e esperança é a parte mais simbólica dos que acreditam em Deus. Sem esperança não há como acreditar em Deus, pois querer a felicidade, seja nas coisas, seja nas virtudes, é parte permanente da esperança. E para quem possui esperança, o "eu" íntimo parece querer chamar Deus a todo instante.

O que aparece no mundo invisível quando se evoca a esperança? Em cada um vai haver diversas possibilidades. Uns vão desejar a riqueza, outros, a paz; outros, a felicidade. A esperança no mundo invisível eleva cada um a uma espécie de estágio da vida. É como se um gênio da lâmpada pudesse realizar os desejos de cada um. A esperança é o próximo lugar da vida.

Esperança e divindade caminham juntos...

Como não podemos sentir Deus, imagina-se que deve haver um sentido único para esse encontro. Esse sentido capaz de estabelecer contato divino talvez não esteja na audição, no paladar, no olfato, na visão e nem no tato. Por meio desses sentidos podemos apenas sentir o mundo invisível, mas não podemos estabelecer contato direto com Deus. Torna-se assim a esperança, o estado mais conjunto no contato divino. Quando ela surge, surge com o peso de toda criação. Há a necessidade de ser feliz, mas para isso o lugar da felicidade tem de ser habitado por quem deseja ser feliz. A esperança é o caminho comum, porque para obter a felicidade você precisa adquirir virtudes e assumir o gosto pelo bem. A esperança é o elixir dos bem-aventurados. O mal nunca se envolve de esperança, pois ele se coloca acima do bem dos outros. Ele destrói a harmonia dos esperançosos.

Qual o caminho para Deus? O mais próximo possível está na esperança, pois de amor e compaixão vive o esperançoso.

A esperança é o lugar comum do bem. Um bandido somente muda a postura para o bem quando ele tem a esperança.

O "eu" íntimo enfraquece sem a permanência da esperança. É dela que o espírito precisa para o prazer da bem-aventurança. O "eu" íntimo parte-se sem a esperança, pois se tudo que desejo eu tenho, logo não existe o contato com Deus. Para quê Deus se tudo o que quero eu tenho? A necessidade do espírito torna-se completamente vazia. O mundo invisível não consegue se interiorizar, pois a necessidade do espírito é o que torna a esperança a maior chave divina. Sempre que se pensa em esperança, o mundo invisível abre as virtudes da felicidade de cada um.

Reflexão

Para os que tanto tossem de esperança, apenas suspiram o que o quádruplo do amor não possui. A esperança é tão sagrada quanto o príncipe soberano. Ela sopra a brisa de prudência e brinca no pátio do espaço branco. Ela é maior do que o número e melhor do que as frases.

Esperança pela vida inteira é contato superior... é brincar com as partes do universo... é abraçar o amor mais ardente... é abrir as aspas sobre o amor.

Quão mágico são os sentidos, quão poderosa é a esperança. Ninguém pode sentir a esperança pelos sentidos, pois ela é semente que brota no chão duro do impossível. Somente a esperança pode vencer o impossível.

O impossível é invencível, mas o seu principal inimigo é a esperança...

Os sentidos são tão mágicos que a vida às vezes parece ser um sonho. Deixar de sentir a vida para muitos pode ser perturbador. Por ser tão comum, às vezes não conseguimos analisar a mágica que a visão nos proporciona. Para quem vive na cegueira a vida inteira e, num belo dia, começa a enxergar a vida, isso pode ser considerado um belo presente divino. A visão é uma magia considerável do bem supremo. Ela é quase o sentido da existência. Se é possível ver o mundo, existe-se. Enxergar todos as nuances da vida: a visão é a prova da realidade.

A esperança, quando misturada com a visão, torna-se o sagrado bendito. Todos aspiram à beleza das coisas através da visão. Muitos somente querem estar rodeados de belas coisas, belas vistas e belas paisagens. Para enxergar o sublime da vida, a esperança faz de tudo para esse alcance. Novamente o bem supremo paira sobre aquele que possui a esperança. Quando alguém aspira amor, ele deseja um belo par para seus olhos. A esperança é uma porta de entrada para o bem comum. Todos exigem a felicidade através da visão do belo e do perfeito.

A visão talvez seja o sentido mais simbólico da existência da vida. Todos conseguem ver o real e distinguir as coisas belas das coisas feias. A beleza de Afrodite move os homens no mundo. A visão contempla o que todos desejam. É ela quem constrói a esperança da melhor de todas as realidades.

A visão é verdadeira! Ela não trapaceia os sentimentos.

Mas há no mundo contemporâneo uma espécie de exagero da beleza. Não se deve deixar Afrodite dominar os pensamentos, pois assim os homens tornam-se indefesos diante das mulheres, e a riqueza passa a ser a principal virtude. O culto à beleza inferioriza os homens, que são subjugados pelas mulheres. Neste caso, os homens se efeminam pela disputa do controle que elas possuem.

Beleza e riqueza passam a ser as únicas virtudes propostas pela sociedade. E o "eu" íntimo necessita sempre de outras virtudes, pois beleza e riqueza são virtudes puramente materiais, diferentes de coragem, continência, temperança, verdade, prudência, fortaleza e de outras. Quando o "eu" íntimo torna-se refém da beleza e da riqueza (matéria), surge na sociedade uma série de vícios da alma. O privilégio da matéria corresponde ao ato do homem enlouquecido a buscar o roubo, o estupro e o assassinato como resposta ao privilégio da matéria. Deve-se sempre não exagerar o apelo da beleza e da riqueza (virtudes materiais).

Quando as mídias hipnotizam a sociedade por meio da beleza e da riqueza, aqueles que estão colocados fora desse padrão (tido como verdade) precisam abandonar o sufoco, e, para isso, perdem a continência e recaem em vários vícios humanos.

O exagero da beleza e da riqueza torna o composto da sociedade algo tolo, pois ninguém consegue viver de duas virtudes apenas. Os jovens cultivados pela riqueza e pela beleza são consagrados pela maioria e os jovens tidos como bondosos experimentam a dura realidade de serem bondosos. Surge assim o desprezo pela bondade.

A beleza é descrita por Aristóteles como uma virtude, mas, pensando melhor, é uma virtude puramente material. Uma virtude que não pode ser desenvolvida. Uma virtude que não pode ser escondida. Virtude que hipnotiza, que assume um caráter de vício de vez em quando. Muitos se utilizam apenas dela para se destacar diante dos outros. Quando se percebe um indivíduo belo fisicamente, há contradições ressaltadas, ou se é belo de perfeição, ou se é belo por degeneração. O que é belo de perfeição assume uma postura dedicada às outras virtudes. O que é belo por degeneração apenas se apoia na beleza. A beleza por degeneração é muito mais aceita, pois torna-se a beleza mais facilmente feita para ser dominada, e muitos querem dominar a beleza. Por ser uma virtude material, ela consegue mover as coisas acontecidas no mundo. O indivíduo que se garante apenas com a beleza corre o risco de ser muito facilmente dominado, pois, além daqueles que querem dominar, ainda terá que enfrentar a inveja, que é um dos vícios mais desprezíveis e perigosos. Quando um é invejado por muitos, ele não consegue adaptar o "eu" íntimo dentro de seu rumo aceito como verdade. Todos os outros terão prazer com a sua ruína. É justamente quando se tem uma virtude próspera como a beleza, que as outras virtudes, virtudes espirituais (coragem, verdade, fortaleza...), devem ser sempre cultivadas. A beleza atrai admiradores e também bastantes inimigos.

Um indivíduo belo materialmente não precisa ter a esperança de ser belo. E é o que acontece com indivíduos feios materialmente, pois precisam suprir a falta de beleza com outras habilidades.

Quando alguém procura um par, na maioria das vezes busca qualidades e virtudes meramente materiais. Ou se quer alguém belo, ou se quer alguém rico. Essas qualidades físicas desejadas muitas vezes podem encerrar-se em si mesmas, pois o material é mutável. Esse alguém pode envelhecer e esse alguém pode empobrecer. O procurado no mundo invisível torna-se apetite pela beleza e pela riqueza. Quando o mundo visível traz à tona a realidade, muitas vezes esquece-se de uma virtude que enrijece todas as outras, a bondade.

A bondade tem a função de desaguar para as outras virtudes, o que a torna fértil para os guerreiros belos. Quem procura um par belo e rico está apenas mendigando dessa pessoa um trago de bondade (virtude espiritual). Porque sem bondade não se consegue resolver uma união. Somente a bondade de ambos pode conseguir estabelecer o amor. Sem bondade não há o amor. E aqueles que procuram bondade em um par, estão apenas mendigando um trago de beleza e de riqueza.

Mas primam apenas pela beleza e pela riqueza aqueles que tencionam a bondade como uma virtude fútil. A dificuldade de se primar pela bondade passa pela escassez de paraíso no mundo invisível. Não há concretude da felicidade. Há o amor de ambos, mas não há as coisas (objetos) ditos perfeitos para a felicidade. Pois quem prima pela bondade, ainda continua desejando a felicidade, continua desejando o material escondido no mundo invisível. Ou seja, aquele que prima pela bondade na união, ainda terá que continuar desejando o material escondido no mundo invisível. E aquele que prima pela beleza ou pela riqueza (virtudes materiais) terá que aceitar a submissão e a fraqueza diante da beleza e da riqueza. No primeiro caso, o indivíduo terá que possuir continência para continuar no padrão de par. No segundo caso, o indivíduo terá que mendigar sempre a bondade do outro.

A maioria das religiões condena a beleza e a riqueza (concupiscência) por serem as virtudes mais desejadas na vida. Todos querem ser ricos. Todos querem ser belos, pelo menos a maioria. A religião surge para diminuir o apetite pela beleza e pela riqueza. Ela busca manter um elo com as virtudes espirituais. Religiões que incentivam o belo e o rico estão apenas acendendo o estopim entre os homens na disputa pela vida. É que virtudes materiais somente poucos e privilegiados possuem para gozar a vida. A finalidade de uma religião é a de colocar um freio na desmedida da humanidade.

O material é sempre desejado desde que haja um valor para a diferenciação entre os indivíduos. O que tem o belo e o rico é sempre melhor do que outro. Esse valor é imprescindível para o mundo ocidental. Aquele que não deseja o belo nem o rico é desprezado como uma espécie de “idiota”.

Há no mundo invisível de cada um uma série de desejos, e negá-los seria como negar a própria existência, porque a existência surge para saciar todos os prazeres da alma.

Então, há sensibilidade entre o profano e o divino? O divino é a concupiscência? Se for assim, o amor é tudo! O profano é a concupiscência? Se for assim, o mal é tudo! Existe essa divisão de pensamento entre os indivíduos, e a concupiscência motiva a vontade entre os indivíduos.

A busca da verdade na totalidade dos pensamentos está na dualidade. Deus abençoa a beleza e a riqueza? Ou Deus abençoa a bondade que impulsiona as outras virtudes espirituais? Se Deus abençoa a beleza e a riqueza, então a vida é aqui e agora, deve-se fazer de tudo para tê-las em posse. Agora, se Deus abençoa a bondade, então beleza e riqueza são postas na balança como algo pecaminoso, que não devem ser desejadas, pois não há bondade em abundância se não existir o abandono da concupiscência (apetite sexual e material). Logo, como há essa interrogação na ética e na moral, deve-se buscar o meio-termo. A sensibilidade mostra que o "eu" íntimo sempre deseja a concupiscência como prova de valor, mas a bondade surge como reguladora da concupiscência. Assim, o meio-termo é o mais próximo a ser escolhido pela maioria. Se você não foi tão bondoso, também não foi tão profano. E se você não foi tão profano, também não foi tão bondoso. Porque o profano quer viver somente o agora, e o bondoso quer estar em paz com seus valores espirituais. Tem-se que sentir compaixão também. A compaixão é instrumento do bem comum (Deus) e concupiscência é instrumento do próprio gozo ("eu" íntimo).

Reflexão

A tradição do bem é a bondade e a compaixão. A concupiscência seria o tóxico preferido da alma ou da sombra. Há o ti-ti-ti do revés e do subjetivo. A alma é chaminé, o coração, o carvão. Somente os sobrenaturais são salva-vidas do próximo. O bem tem sua rotina sempre em rodapé, sempre em silêncio e significância. Há significância maior no outro do que no "eu"? Chame o psiu da prudência e as rimas sorrirão um sorriso qualquer. Saber que o trabalho do outro é a saudade do "eu" é apenas tilintar sobre o rumo. É apenas tossir o ruim de gosto forte.

Ruptura com a compaixão é sobreviver o teísmo. É conhecer o tardio e a terra. Semibruto como parte do século, semiescuro como um sem-vergonha, pulando o talvez para soprar uma brisa da prudência. Chamar a todos para se reunirem em volta da fogueira que queima o ruído e a constelação. Não se ouve o espaço como nos tempos de tradição. Ouve-se agora apenas o quilate do próprio queimar.

Qual a diferença entre o Céu e o inferno? O "eu" quando carregado de culpa tende a pressionar um mundo invisível de inferno, pois o ser sempre quererá estar próximo do bem, mas a culpa tem a faculdade do inferno. A culpa traz consigo imagens malignas do mundo invisível. Não são imagens de liberdade, são imagens do oposto.

Quando se manda alguém ir para o inferno, logo esse inferno se manifesta nas imagens do significado. Esse significado se apresenta como formas do que seja o inferno para cada um e é como se o inferno apresentasse para nós sua imagem. Pense no que vê, através da mente, quando se pronuncia a palavra inferno.

Normalmente, a culpa tem o caráter de inferiorizar o ser: "isso deu errado por causa da culpa". Portanto, todos devem jogar a culpa para o descaso, pois quando ela se eleva, normalmente o espírito começa a perder a liberdade de suas vontades. A culpa martiriza o espírito, e assim começa a negar os prazeres. A culpa nunca pode ser mais forte do que o espírito. Quando alguém faz o mal, tem de ter por consciência própria a extinção da própria culpa. Caso contrário, o espírito começa a negar as vontades por causa da culpa. O medo maior sempre inicia-se por causa de uma culpa.

O Céu é livre de culpa, pois para ser Céu, deve-se haver o princípio de liberdade. Somente os seres livres conseguem satisfazer as próprias vontades. A vontade de um indivíduo precisa ser realizada se houver a liberdade, pois se alguém quer beber um suco de uva, e assim o fizer, ele teve essa liberdade. Agora, se alguém quer beber um suco de uva, e não beber por falta de economia, então não se teve a liberdade. O Céu pode ter como correspondência uma espécie de plena liberdade.

O indivíduo idealiza o próprio Céu e nesse momento aparecem as imagens do significado, que se torna, então, o último pensamento de vida. No entanto, o que todo indivíduo tenta idealizar do Céu é uma vida carregada dos bens desse mundo. O exemplo infalível é a liberdade. Ninguém idealiza um Céu sem liberdade. Logo, o mundo idealizado do mundo invisível é apenas tudo querer, tudo conseguir. Esse é o instante máximo da liberdade. Não há como idealizar o Céu sem a felicidade. Todos idealizam o Céu com a felicidade. E o que deve haver nesse Céu para haver a felicidade? Sim, pois muitos acreditam na felicidade através das virtudes materiais. Vai imperar nesse mundo a verdade única dos materiais e como consequência haverá uma tentativa de buscar a felicidade através da matéria. Normalmente os indivíduos virtuosos materialmente não conseguem viver em plenitude se não houver algo que os torne melhores. Muito se diz que todos são iguais diante de Deus, porém a vida deste mundo prova que há as diferenças. Então, há somente um lugar onde todos são iguais diante de Deus: o Céu. Mas será Céu para alguns que viveram a plenitude do poder? Sendo assim, o Céu não seria o lugar mágico de felicidade destes que diferenciam a riqueza de todas as outras virtudes, pois se no Céu todos são iguais, esse indivíduo vai perder a potência sobre os demais. Vai haver falta para esse indivíduo, logo, para ele o Céu não será Céu, pois os que idealizam o poder terão que disputar o poder do Altíssimo. Para muitos, a igualdade é um risco para o próprio benefício.

O Céu pode ser idealizado como um lugar perfeito e maravilhoso, pois se fosse diferente não seria Céu. Enquanto o inferno seria o seu oposto, onde tudo seria tormenta. Há os que dizem que o inferno seria aqui, mas neste caso, todos que vivessem nele estariam fadados à completa tristeza e aos pensamentos inferiores, mesmo assim, muitos conseguem ser felizes neste mundo. Com isso, conclui-se que o inferno não é aqui. Já outros dizem que a vida é o bem mais válido, pois o Céu é viver a vida plenamente. Mas estes são poucos, porque muitos não conseguem sorrir para uma vida plena e às vezes passam por sofrimentos diversos. Logo o Céu também não pode ser aqui.

Os indivíduos precisam uns dos outros para compartilhar experiências, tanto benignas como malignas. A união se faz necessária para se obter o bem maior da vida. Um indivíduo que permanece isolado de tudo e de todos não consegue realizar nenhum sentimento humano, pois os sentimentos somente existem para aqueles que trocam experiências com outros indivíduos. Portanto, o Céu pode ser idealizado como um lugar onde há vários indivíduos, pois para quem viveu, não há como idealizar um Céu onde haja a completa solidão. O amor é uma paixão humana, sendo assim, ele é idealizado na maioria das pessoas como perfeição. Não há como idealizar um lugar onde há o bem maior e não há o amor.

Sendo assim, voltamos ao grande impasse do universo. Se no Céu há o amor, logo no Céu haveria guerra. Pois onde há o amor, há também a guerra, porque todos buscam ser amados. Essa individualidade humana existe sempre onde há vida. Muitos querem ser mais amados do que os outros. E como pode então haver a mesma guerra deste mundo no Céu? Sendo Céu, deve ser contemplativo e maravilhoso, sem o perigo da morte. A grande dificuldade de se compreender parte desse mundo invisível está na compreensão da existência das virtudes materiais no Céu. Conclui-se, assim, que para ser Céu, não deve haver guerra, então não há as virtudes materiais: beleza e riqueza, que podem ser entendidas como concupiscência. Se o poder máximo de Deus existe, logo a beleza e a riqueza não poderão disputar trono.

Conclui-se desse modo que as virtudes espirituais (bondade, coragem, honestidade, prudência, modéstia, temperança e outros) são virtudes divinas. São virtudes consideradas apenas no Céu, pois nesse mundo real as virtudes materiais são mais bem consideradas, por isso há a guerra, que não pode ser considerada verdadeira no Céu.

Assim, no Céu talvez não seja considerada a matéria, ela possui um menor entendimento para a felicidade. Afinal, se a matéria existir, logo existirá a guerra. E o Céu é considerado e idealizado por muitos como um pátio onde há a completa harmonia e a paz. Não há o completo vazio para alma, pois a alma no vazio também deve ser considerada produto de preenchimento.

Reflexão

Talvez o amor não exista no Céu. Seria a tirania do transcendental, totalizando o sopro de uma vida incomum. Uma vida que ninguém até hoje viveu. O amor torna-se sol quadrado no firmamento das constelações. Uma brisa talvez exista na sombra do sobrenatural como tóxico usado pelo silêncio do sistema universal. Uma roda que gira ao contrário numa tarde banhada do sobreceleste.

Se o amor novamente existir no Céu, novamente a vida teria um sobrevoo diante da concupiscência. Pois o amor tem título de fraternidade e é título de poder. A tradição manda condenar tudo em nome do amor. Algo como o ruído sagrado ou um Romeu sem romance. Pois a vida sempre esperou mais do que simples rimas.

Pensando no inferno, logo o significado das cores quentes forma as frases do pensamento. Mas se no Céu não houvesse o amor, então este estaria no inferno? Se o amor estivesse no inferno, logo o Céu deixaria de ser Céu. Pois o amor, sendo uma paixão humana, logo faria com que muitos se sentissem obrigados a estar no inferno. Mas como o inferno é repelido por muitos, logo o amor poderia ser substituído pela vaidade. Não há como existir o amor no inferno para a primeira instância dos desejos humanos, não o amor fraternal, e sim o amor da concupiscência, amor esse que devia ser conceituado como algo diferente do amor fraternal das religiões.

O inferno foi conceituado para que se pudesse diferenciar as boas ações das más e para se pensar duas vezes antes de cometer uma má ação. No entanto, até mesmo na religião cristã, Deus parece cometer más ações ao ordenar que o povo de Israel separasse os leprosos dos demais. Era como dividir o povo entre os sãos e os não sãos.

O grande problema é verificar quem ou o quê pode ditar as regras de quem vai ou não vai para o inferno; e se existe mesmo o inferno; ou se as almas se tornam vazias depois da morte. A prudência como uma virtude espiritual é não desprezar a porta do Hades. Há sempre conosco um chamado da prudência para agir conforme as boas virtudes. Não por temer o inferno, mas sim para garantir uma boa vida.

Mas certamente quando invocamos a palavra inferno, logo surge seu significado (imagem) em nossas mentes, ou seja, no mundo invisível.

A diferença entre o Céu e o inferno é a mesma diferença entre positivo e negativo, homem e mulher, quente e frio, luz e escuridão; por isso nessa diferença o Céu certamente é maravilhoso e o inferno é horroroso, devido ao antagonismo. Ou se é devidamente luz ou se é devidamente escuridão. E, portanto, a grande maioria rejeita o inferno. Como a grande maioria prefere o Céu, então é necessário adequar as atitudes para o bem maior. Ninguém quer sofrer. Para isso há os prazeres da vida, assim, adequa-se o comportamento diante dos prazeres.

O inferno precisa existir para haver lógica na existência do bem e do mal. Porque os ímpios gozam a vida da maneira que ela se apresenta, enquanto os bons se cercam de prudência para fazer somente o bem. Ou seja, deixam de gozar a vida para a prática do bem. Se o inferno não existisse, de nada valeria a prática do bem, pois este estaria apenas ajudando outros a gozar a vida. Logo, o bem seria um completo idiota. Assim, o bem perderia sua razão de existir, e, na maioria das vezes, todos buscam o bem.

Se o inferno não existir, quem deixou de gozar a vida para praticar o bem seria um completo idiota pela lógica.

Então seria o bem tão tolo assim? O niilista diria que sim. Se fosse assim, todos praticariam o mal impunemente, mas como a maioria busca praticar o bem; logo, por preferência, esse deve ser melhor do que o mal.

Pode-se fazer um paralelo com o uso das coisas (objetos). Prefere-se sempre um machado de bom corte a um de mau corte. A degeneração da escolha entre o bem e o mal existe no uso do amor, pois muitas vezes o objeto amado prefere ser amado pelo uso do mal. É por isso que há a degeneração do bem diante do mal. Nisso surge a reflexão dos niilistas, é melhor fazer de tudo para aproveitar os poucos anos de vida.

O indivíduo amado é quem decide se quer ou não ser amado. Ele possui o poder de juiz sobre o amor, e decorre muitas vezes a solução da escolha através da preferência pelo mal. O inferno surge a partir desse instante para anular a preferência do indivíduo amado pelo mal. A influência do inferno surge a partir do uso das virtudes materiais (beleza e riqueza), que conduzem os espíritos que buscam prazer na matéria, como na maioria das religiões.

A alma deve ter responsabilidades por seus atos. O Céu precisa dos bons ou dos maus? Por isso todos são livres pela escolha: ou se está preso na matéria ou se está preso no espírito. Um ser que grita através das virtudes materiais tende a escolher somente o belo e o rico; já o que grita através das virtudes espirituais tende a escolher somente o bom. E o bom nunca faz mal (logo o Céu é escolhido). Mas o belo pode ser bom ou mal, como o rico assim também pode. Sendo assim, o espírito estaria ou no Céu ou no inferno.

Não existe no homem a possibilidade da não crença, mesmo os ateus possuem no íntimo algo de espiritualizado.

Pois existe o "eu", e quando existe o "eu", existe a crença na imortalidade desse "eu", pois a morte nunca é bem-vinda para alguém. A maioria busca negar a morte. E se existe a crença na existência do "eu", logo existe a crença em algo poderoso dentro desse "eu", que também pode ser chamado de Deus.

E a busca da sabedoria nunca pode ser declarada como uma escolha do mal, pois o raciocínio existe para ser praticado, assim como o alimento nasceu para alimentar e dar vida.

Em geral, a palavra Céu designa o espaço indefinido que circunda a Terra, e mais particularmente a parte que está acima do nosso horizonte. Vem do latim *coelum*, formada do grego *coilos*, côncavo, porque o Céu parece ser uma enorme concavidade.

Os antigos acreditavam na existência de muitos Céus superpostos, de matéria sólida e transparente, formando esferas concêntricas e tendo a Terra por centro. Essa ideia, provinda da deficiência de conhecimentos astronômicos, é a de todas as teogonias já feitas sobre o Céu como algo que deve ser escalado; existem diversos degraus da bem-aventurança: o último deles era abrigo da suprema felicidade.

Reflexão

O inferno precisa existir para fazer tossir o espírito tirano. Assim, como o prudente terá bem-aventurança? A falta do inferno faz do prudente o tóxico do sobrenatural. Deve haver a ruptura entre todos, pois o sagrado deve permanecer sagrado, assim como o subjetivo deve permanecer subjetivo. Na vida deve haver o risco que precisa ser calculado. Deve haver proximidade com a divindade e com o profano. Proteger o ímpar do par.

A única propriedade de um homem é a sua alma.

Alguns procuram somente o inferno e outros procuram somente o Céu. Não há como procurar os dois ao mesmo tempo, pois ambos são completamente diferentes entre si.

O inferno de um indivíduo é aquilo que ele mais teme. Já o Céu é aquilo que ele mais adora. Ambos existem para serem escolhidos e cada um tem a sua responsabilidade na escolha.

A incapacidade de encontrar uma divindade em vida é a própria capacidade de idealizar a própria divindade. É uma impossibilidade que expande as maneiras da existência do sobrenatural. No mundo há diversas maneiras de culto para a representação de Deus. Em diversas regiões, cada povo idealiza um Deus diferente, mas na maioria delas, as virtudes são louvadas como o bem supremo, como se o bem fosse a verdadeira espada da justiça. Não há como idealizar um Deus que não seja bom, pois cada um pertence a uma individualidade, e nessa individualidade o bem precisa pertencer ao ser. Mesmo se não houver o bem, ainda existe a esperança.

Os niilistas não precisam e nem querem a esperança, ela torna-se falsa para a maioria dos indivíduos. Esperar que o bem apareça é como esperar a descida de algo divino dos Céus. Por isso, às vezes é melhor dedicar o tempo a tocar o bem supremo de qualquer maneira, pois, muitas vezes, a individualidade do ser é corrupta para os desejos. É mais fácil acreditar em si do que acreditar nos outros. Todos buscam para si o bem, e deixar de buscar, pela esperança de que o outro lhe entregará, é um grande desalento do espírito.

Aqueles que sobram na sociedade organizada precisam sempre da união para vencer o bem supremo da própria sociedade organizada. Precisa-se aceitar antes de tudo que o amor (concupiscência) é um objeto permanente de quem está com o poder. Se o indivíduo não possui o amor dentro de si, não quer dizer que ele siga o mal (o amor é uma lógica dos ricos). O indivíduo pode possuir a guerra contra o amor, e, mesmo assim, estar praticando o bem. Os mais fracos precisam matar o amor dentro de si para tornarem-se fortes. O amor e o ódio são paixões, já o bem e o mal são uma decisão. O amor não é o mesmo que o bem, assim como o ódio não é o mesmo que o mal. Há os que possuem amor em abundância e são perversos. Como também há os odiosos que são benfeitores.

Existe a impossibilidade de haver Deus na razão, mas essa impossibilidade pode ser combatida através da preferência do ódio ao invés do amor. Somente as mulheres foram educadas para o amor. O homem tem que entender que a lança e o escudo (ideal) é a única sorte divina recebida. Compensa-se tudo pela guerra. O homem que não sabe disso torna-se idiota. Precisa necessariamente matar o amor que existe dentro de si para a guerra continuar. A guerra existe para purificar os espíritos impuros (aqueles educados no amor).

Dizem ser Deus o amor. Mas esse amor está escasso, então substitua Deus pela guerra (ideal). A guerra é paixão para muitos, sem ao menos considerarem isso, pois a divindade nada mais é do que a pulsão para o bem supremo. Todos necessitam do bem supremo, e para isso a guerra (ideal) existe. Os pobres não sabem que podem ser mais fortes, assim que souberem que nasceram para matar o amor, e que, mesmo assim, estarão praticando o bem, a guerra irá existir para o bem supremo de todos.

A ação correta é matar o amor dentro de si. Matando o amor dentro de si fica mais fácil entender a lógica vigente. Quando todos os humildes se levantarem da praga de serem humildes, ou seja, descobrir que nasceram para matar o amor, e mesmo assim estar praticando o bem, vão perceber o quão são mais fortes do que o próprio amor vigente. Deve-se considerar a guerra como solução. Considerar matar o amor como solução. O indivíduo que perde o uso constante de amar as pessoas parece ser mais limpo, mais verdadeiro e mais temido. As mídias espalham o amor como uma verdadeira febre, mas aquele que perceber que o amor encontra-se na falsidade vigente de todos, e assim arriscar a vontade do ódio como pulsão, acabará se libertando das correntes vigentes. Não falo de ódio, assim como matar o outro, falo de outro ódio, o ódio de odiar como ideal. É que a sociedade sempre será imperfeita, logo, enquanto o *status quo* for imperfeito, o ódio alimentado servirá de purificação. Deve-se odiar a imperfeição de tudo. O ódio serve para alinhar a vontade de cada um.

Deixar de perdoar, às vezes, pode ser mais fortificante para os mais fracos. Estes se acostumaram a perdoar a tudo e a todos. Fica evidente a vontade de extravasar algum tipo de força que talvez ainda exista. Todos têm alguma espécie de inimigo, por isso o inimigo sempre continuará inimigo. Perder o inimigo é entregar a bandeira da vitória ao seu poder.

Basta apenas transfigurar o sentimento de amor... A verdadeira saudade conserva o ser masculino em parte da guerra (ideal). Perder o ideal é como morrer, pois seus inimigos já venceram.

O "eu" íntimo ferve pela guerra e sucumbe quando ama. Contrariar a febre de todos é como enfrentar todos. Pois Deus não pode deixar de estar ao lado dos pequenos. Se acaso ele estiver do lado dos inimigos, então ele não é Deus, porque todo "eu" íntimo percebe algo que o impulsiona... facilmente o "eu" íntimo não pode ser percebido sem a tração da vontade verdadeira.

Reflexão

A alma cansada de transpirar deve ao menos uma vez sentir algum tipo de sentimento oposto ao amor. O título do sagrado serve como sobrevida ao provável. Uma prova do quilate oposto ao amor é o tigre, tão sereno quanto o bem, e tão agressivo quanto o ódio. Se o espírito despir-se restará apenas o oposto na transparência. O soldado faz alguma escolha contra o inimigo? O soldado combate apenas. E com bastante ódio de tudo, dos inimigos e também da guerra.

A sombra levanta durante o tilintar do dia e da noite. A luz não acaba diante da escuridão. E nem a escuridão acaba diante da luz. Há luz na noite como há luz no dia. A tradição da Terra é estar sem-razão quando o silêncio raciocina.

Perceber o olhar dos grandes mamíferos é perceber o quanto o ódio e o bem estão unidos. Diferentemente do amor e do mal, também unidos. Como alguma inspiração divina teve tanto cuidado em oferecer o olhar dos grandes mamíferos? Veja um cão de guarda. Perceba a serenidade e o sossego que ele desfruta quando está em paz. Através do olhar desse canino feroz, percebe-se o sossego. Esse é o ideal do ser, estar em completo desfrute da paz. Mas para isso um cão de guarda deve ser temido. Quando o cão assume seu aspecto de fera (guerra), ele passa a ser temido. Ele revoluciona a mente de quem está ao redor. A fera (instinto animal) cerca-se de ódio para viver o interesse contrário. Portanto, o indivíduo que permanece passivo (sem ideal) torna-se um verdadeiro benfeitor de um interesse contrário ao que o próprio espírito busca.

É uma realidade na natureza dos grandes mamíferos. Verdadeiramente, há instintos animais nos homens, mas, com o tempo, esse instinto foi domesticado. Afinal, o homem também é animal. É um animal muito astuto. Sendo assim, esse instinto de fera também está presente no homem, mas a maioria, em nome da bela palavra amor, edificada pelas religiões, abandona seu estado de ferocidade. Não se pode abandonar um instinto que está presente no espírito, pois, logo pensam, se não amar, então estará fazendo o mal.

Introverta: o tigre quando caça faz o mal? Portanto, o ideal de um indivíduo nunca pode ser o mal. Pois seu ideal é a sua caça.

É algo plenamente vindo de uma divindade perceber o olhar dos animais. No olhar de um cão, você pode encontrar ternura, doçura, humildade, sossego, harmonia, fidelidade. Veja o quanto o cão de guarda é fiel. Para ele, o ideal é proteger o dono. E ele segue esse ideal com grande transparência. Haja o que houver, ele arrisca-se por inteiro para defender seu dono. Ou seja, nunca abandona o ideal. E para isso, ele usa de ódio a quem contrariar esse ideal.

Assim como os animais, os homens também possuem essa dualidade de forças. Pode-se ser doce e raivoso. Doce para o seu ideal e raivoso contra o ideal contrário. Não há como abandonar um ideal, pois sempre será parte da vida. Às vezes, tenta-se esquecer, mas ele sempre nos cerca contrariando a vontade de paz, porque o homem também é um animal.

O inimigo do dia é a noite, o inimigo do fogo é a água, o inimigo da sorte é o azar... assim como o inimigo do pobre é o rico. Nascer em berço de ouro deixará de ser virtude assim que o pobre perceber que ele nasceu para o ódio (matar o amor que existe dentro de si). Esse amor que elimina seu estado de fera. Afinal, a maioria somente usa o olhar da ternura, da doçura, da humildade, da harmonia e da fidelidade e nunca mostra o olhar de fera. É preciso resgatar o olhar de fera. É preciso saber que o ódio pode ser uma vontade purificadora do próprio espírito.

"Instinto" designa em psicologia, etologia, biologia e outras ciências, predisposições inatas para a realização de determinadas sequências de ações (comportamentos), caracterizadas sobretudo por uma realização estereotipada, padronizada, predefinida. Devido a essas características, supõe-se uma forte base genética para os instintos.

Instintos são típicos do comportamento animal, sobretudo com relação a comportamentos que favorecem a sobrevivência da espécie (acasalamento, busca do alimento, construção de ninhos, fuga). O instinto em si é desencadeado através de um estímulo-chave e, uma vez desencadeado, se desenvolve automaticamente, não podendo ser modificado por influência externa.

Nisso, é perceptível que o criador dos animais e dos humanos pode ser o mesmo, pois ambos compartilham da mesma biosfera. Não há como negar que algumas tarefas feitas pelo homem são realizadas através de atos instintivos. Um exemplo é o ato de comer. Então possuímos algumas características animais. Não se pode de forma alguma separar o homem dos animais. Assim, com a elucidação da sociabilidade, os homens estão aos poucos perdendo a força do instinto animal. Não se deve perder esse instinto de fera, afinal é ele quem nos faz acordar para realizar. E o ideal de alguém é sempre a última alternativa para a vida, e deveria ser a primeira, porque o ideal de um indivíduo é aquilo em que ele mais acredita, porém é o que ele menos sente ou toca. Deve-se tocar o instinto animal dentro de si, ele existe para tocar esse ideal. Abandona-se às vezes o ideal por medo, ou por fraqueza, ou por desistência. Mas o ideal sempre estará lá aguardando sua vontade primitiva.

Muitos abandonam o ideal durante uma vida inteira, e quando acordam para ele, refletem sobre o quanto a vida foi desperdiçada. O ideal é o que faz o homem sonhar além dos outros. É impossível viver sem um ideal.

Reflexão

Transcendental é buscar o animal selvagem que existe dentro de si, pois os domesticados transluzem a tradição do ruim, a tradição da queixa, a tradição do provável. Traição é sentir que todos traem você. Viver na sombra muitas vezes é apenas sobrecarga.

Qual a melhor roupagem, a do tigre ou da águia? Às vezes, é melhor perder o sorriso cordial para transpirar o cheiro dos cães.

Há um teor de tempo na significância do revés. O espírito, quando escuro, conhece o teor da sorte e do revés, e quanto mais reveses, mais protetor torna-se o seu arcanjo guerreiro.

Desafiar o ideal é viver o presente da vida. Quanto mais confortável, pior. Quem busca entrar numa grande guerra inspira todos ao redor. Qual o sentido da vida? Guerra!? O que se destila do amor é apenas a fraqueza de ser pequeno. O que se destila do ódio é o poder do respeito. Não existe respeito sem um ódio proeminente. Aquele que você ama não o respeita, mas aquele que odeia tem profundo respeito pelo seu caráter, pois você ameaça os títulos de glória dele.

O ódio, quando bem inspirado, eleva o espírito a um topo nunca enxergado antes. O ódio sobressalta o espírito. O mundo torna-se bem mais verdadeiro quando o instinto do ódio perfila-se dentro de si.

Assim como os cães, deve-se odiar também. É quase um ódio colérico. Compreender os estímulos que levam os animais ao ódio colérico é sabedoria. Muitas vezes alguém está diante do seu território de percepção e o que torna o ódio, aparentemente, melhor para a sabedoria é sua extrema vontade de potência, pois essa paixão eleva-se para o bem comum. Por exemplo: odiar a desonestidade. Se o indivíduo odiar com vontade de potência a desonestidade, tornará as virtudes mais vivas para o bem comum. É o que torna o ideal mais presente dentro do espírito.

Se o indivíduo possui um ódio colérico diante da desonestidade, ele está delimitando seu espaço diante dos desonestos. O ódio tem a característica de amedrontar o inimigo. Sábio daquele que odeia com vontade de potência. Pois os inimigos o temerão, e os que pensam o mesmo logo se unirão ao redor dos seus pensamentos.

O caso torna-se diferente quando alguém odeia corruptos com vontade de desprezo. Assim, os corruptos agirão sem o seu conhecimento. Mas se o ódio for com vontade de potência, ou seja, agindo para a destruição e ruína dos corruptos, logo você recebe a admiração dos que odeiam os corruptos sem vontade de potência.

O ódio não pode ser visto como uma aliança do mal vindouro. Desde que seja usado contra ações desprezíveis, ele serve para purificar. Aquele que possui um ódio enraizado é mais temido do que aquele que possui um amor enraizado. O sujeito amante está mais suscetível para a idiotice e ignorância, pois aquele que ama tudo e todos parece não conhecer a fatalidade da vida.

Saiba a medida certa do ódio para poder surgir como liderança. Quando um cão é demasiado raivoso contra os outros, e demasiado dócil para com seu dono, ele se torna bastante amável e fiel.

Reflexão

O amor às vezes é uma mentira que todos usam para dizer que são felizes... Mas o ódio não trai, e nem se torna tirano para quem odeia. Faz parte da tradição do ideal. Quanto mais presente o ideal no tempo, mais sobrenatural torna-se o instinto do ataque.

Transpirar o ataque é ser sincero com o íntimo da alma. É como se a verdade fosse a melhor virtude para quem possui um ideal.

Um espírito que ataca não conhece a derrota (desistir) como desculpa. Aquele que se defende sempre parece esquecer que também nasceu para ser um animal, visto que o homem também é um animal.

Reflexão

O espírito que rasga os céus, rasga a fraqueza da memória.

Quando o ódio é usado para o bem, ele traz para o mundo visível a realidade do oposto. Quando se ataca a desonestidade no mundo visível, acaba-se trazendo para o mesmo mundo a honestidade, pois se muitos, em vez do desprezo, usarem de vontade de potência (ou seja, se eles agirem) para atacar os vícios da alma no mundo, certamente esses vícios tornar-se-iam medrosos diante da comunidade.

Usando o ódio contra a desonestidade, a maldade, a arrogância, a mentira e outros vícios da alma humana, certamente a comunidade gozaria de muitas virtudes vindas de um Céu pleno, pois entendemos que o Céu é cercado somente do que é bom.

Atualmente, o pensamento capital está fazendo surgir o pensamento do esperto (aquele que sai ganhando em tudo). Esse pensamento capital está oferecendo a todos a ideia de que apenas com o uso dos vícios da alma é que se consegue ganhar, degenerando assim um mundo que antes era ruim, e agora parece tornar-se pior. O espírito do grande cavaleiro parece ruir na modernidade. O cavaleiro é aquele guerreiro de espada e escudo que luta por bondade, verdade, justiça, coragem... Por isso não se deve ser de todo amor. O ódio animal deve existir contra os desonestos, os maus, os covardes, os arrogantes. Sem ódio, como Deus haverá de combater o demônio? Fazendo bem para o demônio!? Claro que não!

Os justos precisam elevar-se diante dos injustos... e os bondosos precisam elevar-se diante dos maldosos... O que falta é apenas o ódio do que existe de físico e animal em cada um. Sem esse ódio, o mundo fica sendo dos espertos.

As virtudes precisam elevar-se diante do pensamento capital. Elas precisam aparecer no mundo visível. Assim como os arquitetos trazem para o mundo visível aquilo que antes estava no mundo invisível.

Tudo que nos cerca, todas as coisas e objetos que existem, antes já estiveram no mundo invisível. Uma cidade, quando é projetada, passa pelo crivo da imaginação do arquiteto. Uma música, quando é composta, passa antes pelo crivo da imaginação do compositor e assim acontece em todas as áreas da vida e da ciência.

O arquiteto tira o seu projeto de um estado imaginativo diante do mundo invisível para a realidade do mundo visível. Ele imagina e vê a cadeira de seu projeto antes mesmo de passar para o papel. Ou seja, tudo o que existe hoje na Terra já esteve no mundo invisível da imaginação.

Pode-se retirar sublimes virtudes do mundo invisível? É o que os bons constantemente tentam fazer. Torna-se sempre bastante perigoso esse transporte de virtudes (bondade, coragem, verdade etc.) do mundo invisível para o mundo visível. Aqueles que até hoje tentaram foram assassinados pelos seus contemporâneos. Há muita luz na harpa de Apolo que, às vezes, pode cegar. A maioria está mais acostumada com a lança de Ares.

Um pouco de ódio não é ser falso, tampouco mal... O bem precisa de um pouco de ódio no coração para vencer uma guerra.

Reflexão

A totalidade do trabalho não pode se tornar tirania para quem trabalha. Os bons adormecem enquanto os maus sobressaltam. A tardança do pensamento faz sombra para a constelação das almas em vidas. Pois as almas em morte declaram o gosto azedo do sopro sobre o tempo. Ainda suspira o sonho sólido da quantidade do descanso.

Se qualquer um traz à luz a verdade e a textura do apogeu, então o mundo tem a tendência da perfeição, faltando-lhe apenas transpirar o silêncio singular do semelhante bem. Todos querem uma semana de rosas. Todos querem uma tarde de rochas. Todos querem uma vida com risos. O descanso deve acordar, assim como o princípio tem de existir ao lado dos números.

Valem as frases de um choro e de um milagre... São essas as frases que valem.

Parte 2

A alma

Entende-se que o corpo precisa de algo para haver vida. Falta algo para a pedra ter vida, assim como falta algo para a montanha ter vida. Sabe-se apenas que há uma falta. O que entende-se de um cadáver é que falta algo que ele perdeu, agora é somente um corpo sem vida. Se não existe mais vida em um corpo é porque algo falta. É nítida a ausência de algo. Esse algo pode ser entendido como espírito ou alma.

A palavra "espírito" se refere somente à faceta imaterial do homem. O espírito é o elemento no homem que dá a ele a capacidade de ter um relacionamento íntimo com Deus. Sempre que a palavra espírito é usada, refere-se à parte imaterial do homem, incluindo sua alma.

A palavra "alma" se refere não apenas à parte imaterial do homem, mas também à parte material. O homem tem um espírito, mas é uma alma. Em seu mais básico significado, a palavra alma significa vida.

A alma e o espírito são parecidos na maneira pela qual são usados na vida espiritual do ser, mas são diferentes em suas identidades. A alma é a visão horizontal do homem com o mundo; o espírito é a visão vertical do homem com Deus. É importante compreender que ambos se referem à parte imaterial do homem, mas somente o espírito se refere à caminhada do homem no mundo, tanto imaterial quanto material.

A partir da morte, entende-se que o corpo perdeu a vida, ou seja, o corpo perdeu sua alma que se relacionava com o mundo visível. O corpo perdeu seu valor de vida. Nenhuma alma habita mais aquele corpo.

Não há saída para os descrentes. Não dá pra negar a ausência de algo quando se encontra um homem morto. Não há como esse algo evaporar, assim como o corpo. Quando esse algo se manifestava quando o corpo estava vivo, esse algo também não podia ser concretizado em uma forma, pois esse algo apenas comandava o corpo. Mesmo em vida não se consegue estabelecer contato material com a alma. O corpo evapora com o tempo, pois o corpo é matéria; o que proporcionava a vida para aquele corpo era a alma. Não se pode pensar que a alma também evapora, assim como o corpo, como pensam os materialistas, porque a alma não possui nenhum tipo de matéria. E sabe-se que ela existe, pois em um corpo morto falta algo.

A vida precisa disso, de alma. Sem ela, não há como o mundo existir para alguém. Pode-se entender que o mundo ou é um pequeno sonho, ou uma grande mentira, como querem os espiritualistas, mas ele existe para quem possui vida. A alma apenas parece acompanhar o corpo, é ela quem o rege, seja para o bem ou para o mal. A alma é senhora da vida. Assim como o homem sonhava em voar, ele também sonhava com uma alma imortal. Não se conhecem os aspectos da alma, mas acredita-se na sua existência, porque acreditar no nada metafísico é como acreditar na morte. É por esperança que muitos acreditam na alma, pois morte é apenas sofrimento. Muitos preferem a esperança a acreditar que já se está morto.

Reflexão

A alma existe, não no papel, mas na mudança do tempo entre o nascimento e a maturidade. Misturar o penar com o desmaio é garantir que nada é tão oculto quanto as partes. Propor o branco na lógica da memória é sonhar o absoluto. E quando se propõe o azul triste é deixar o pesado absoluto para acreditar no sono vazio. Entender a maioria é também entender a minoria, mas entender o Céu é entender as partes entre a vida e a morte. Desacreditar o espírito é como desacreditar a luz, é como desacreditar a vida, é como agradecer com o punhal ofensivo o mais doce beijo de amor.

O próximo tem espírito, então deseja ser sólido. Agora se o "eu" íntimo não quer ter espírito, então ele deseja ser poeira. Quando se deseja o fogo, tem-se o fogo, e quando se deseja o gelo, tem-se o gelo. É melhor esticar os braços para a luz do que para a escuridão.

Conclui-se que na falta de algo, a alma existe. E esta alma é o contato dos sentidos diante dos outros; é quando se percebe que os potenciais são iguais. Quem tem as duas pernas e os dois braços pode não saber nadar, assim como quem não tem duas pernas pode nadar. A alma existe pra quem acredita nela, e acreditar na própria alma é fortalecer o espírito. É a chance de o pequeno ser maior do que o grande. É a chance de totalizar as capacidades do bem comum.

A alma preza somente o contato com a vida e com os outros seres. Ela passeia no mundo para adquirir experiências, que tratam da totalidade dos seres; dessa totalidade sente-se o imaginário comum das ideias. São nesses momentos que a alma adquire os aspectos do bem e do mal. Há uma relação de verdades e inverdades sobre o que é a vida, o mundo e os seres. A alma tenta elevar-se diante da ignorância, pois todos aprendem algumas lições. Isso é o mais importante para a alma. A matéria torna-se a vontade de segundo plano para a alma, pois depois da morte não há mais o que se fazer com a matéria; já a sabedoria do que se aprendeu na vida possui a esperança de ser relevante num mundo invisível, pois a alma capta uma sabedoria em relação aos objetos da matéria que o cerca.

Existe um ditado popular que diz que dessa vida nada se leva, porém a alma pode captar uma sabedoria. Essa sabedoria, assim como a alma, é imaterial. Ninguém pode ter em mãos ou segurar a sabedoria ou a alma.

Muitos erroneamente descartam a sabedoria como algo relevante, porque se pensa na sabedoria como saber de tudo mais do que os outros. Sabedoria é algo muito mais simples do que se imagina. Um simples menino pode ser sábio em determinada ocasião; se ele colocar o dedo na tomada e sentir que o choque elétrico pode lhe ferir, e assim não repetir essa ação, logo ele adquiriu uma sabedoria sobre a eletricidade.

Como a alma não é matéria, ela limita-se somente ao aprendizado da vida. A alma pode possuir, por meio do seu corpo, um relógio de ouro, mas o que fica para ela é somente o aprendizado da sensação de um relógio de ouro. Depois da morte, ela não leva o relógio de ouro, mas talvez possa levar o aprendizado da sensação de ter um relógio de ouro. Esse aprendizado é imaterial, assim como a alma. Mas alguns diriam: e se a morte for um completo vazio? Concorda-se que a alma é algo, sim, pois quando o corpo está vivo, parece haver algo dentro dele. E quando o corpo está morto, parece faltar algo dentro dele. Como a alma é imaterial, ela não é consumida pela terra. Logo, a alma, não sendo consumida, ela tem que ir para algum lugar. Se a alma locomover-se até o vazio, a presença dessa alma anula o vazio. Logo o vazio deixa de ser vazio, pois contém uma alma dentro dele. Assim, o vazio não pode ser considerado vazio.

Portanto, a única riqueza da alma é o aprendizado que ela adquire com relação às coisas, objetos e seres. Conhecer o sofrimento é bastante fortuito para a alma, assim como conhecer a alegria e a felicidade, pois tudo equivale ao aprendizado (sabedoria), imaterial como a alma.

Mas muitos podem indagar: e se o destino da alma for o inferno? Nesse caso desabilita-se o vazio para ser chamado de inferno. Logo, se há o inferno então existe o seu oposto, o Céu. Entra-se novamente na dualidade entre Deus e o diabo e pode-se então pensar que o injustiçados conhecerão o Céu (a alma que se sente injustiçada). Já os ímpios conhecerão o inferno.

Mas outros podem perguntar: e se houver para a alma somente o inferno? Logo restaria somente a esperança...

Como a alma representa a relação horizontal do homem com os outros seres, então ela vive os verdadeiros incômodos e os prazeres da vida. É a alma que estabelece os convívios sociais e é a partir de suas experiências que se adquirem os valores de justiça e injustiça. Somente a alma consegue adquirir esse valor, além do valor da amizade e o das virtudes. A alma somente se relaciona com foco nas nuances imateriais. A alma, por meio do corpo, pode sentir algo através de um relógio (coisas), mas é somente o que sente que pode ser considerado um alimento para ela. A alma sorve da sua horizontalidade com o mundo para adquirir o aspecto da verticalidade com Deus. As experiências, adquiridas com os outros seres, acendem ou não a sua espiritualidade. Já um ser que vive desde sempre isolado dos outros seres dificilmente perceberá os aspectos do amor, da compaixão, da vileza... Não terá o entendimento mais amplo em relação a justiça e a injustiça. Por isso a horizontalidade da alma, dentre os outros seres, aflora sua verticalidade com um Ser divino.

As ideias vindas de um mundo invisível somente podem ser consideradas se elas estiverem cercadas pela sociedade. Ideias não compartilhadas não podem ser consideradas ideias diante do conjunto ou da verticalidade com um Ser divino.

A alma representa essa horizontalidade das ideias dos seres. Por exemplo, a ideia de que o planeta Terra é redondo, somente ganha expressão para a verticalidade divina através da horizontalidade entre os seres. As ideias principiam na multiplicidade para a vivacidade do uno.

O múltiplo pode sobrecarregar um ser, identificado como doenças da alma. O múltiplo possui forças em diversas direções. Essas forças em conflito sobrecarregam alguns seres mais enfraquecidos. Pois o múltiplo vive em completa alucinação, vive plenamente orientado para os prazeres. Por isso, muitas vezes, o bom e o justo sofrem. O múltiplo passa por cima de tudo em busca de prazeres. E por isso, muitas vezes, escondidos na carcaça da multiplicidade, os ímpios desfrutam de maiores prazeres do que os bons e os justos. A multiplicidade serve-lhes como escudo.

A multiplicidade, se quiser, pode transformar o bom e justo em ímpio e isso pode ser denominado como um poder de febre da multiplicidade.

Reflexão

A primavera pode ser tirana se a tardança suspirar o revés da alma. Todos são soberanos de seus corpos, porém o tigre é soberano da própria alma. É a tendência da surpresa do soldado que ataca o sagrado. Nem a brisa e nem os risos de um fim de tarde recolhem a tradição daquele que é semibruto. É nas origens da alma que o rumo torna-se quantidade de força quente. É como o teor do brilho de uma constelação de poucas estrelas.

Enquanto a alma serve-se da horizontalidade entre os seres, o espírito serve-se da verticalidade entre Deus e o próprio espírito. O espírito deve temer a Deus, pois, se não o fizer, não há como existir alguma espécie de espiritualidade, já que a entidade divina expressa força dos bons valores morais. Deus somente é Deus pelo uso dessa força. Um indivíduo que possui bons valores morais pode até ser ateu, mas mesmo assim consegue possuir uma espiritualidade. Não uma espécie de crer em algo divino, como anjos e santos, mas a espiritualidade concentrada em compreender melhor a espiritualidade do outro. Mesmo assim, Deus parece possuí-lo. Agora, um indivíduo que se cerca de vários vícios da alma tende a roubar, matar, corromper, violentar; e, se mesmo assim, possuir uma vontade de Deus, certamente sua espiritualidade está invertida, pois a prática da sua espiritualidade precisa ser realizada nas ações de cada alma. É extremamente importante que a espiritualidade seja colocada em prática para o bem comum. Quando um crente em Deus não tem o menor respeito pelo conjunto ou pelo próximo, de nada adianta a sua fé, pois ela age ao contrário do que a espiritualidade exige. Portanto, ele se julga acima de uma Entidade Divina, ao contrário do ateu que pratica o respeito (espiritualidade bendita). A alma sugere estabelecer o respeito mútuo para o bem comum.

Algo que acontece nos países cristãos é muito fácil de ser entendido. Esses países cultivam desde muito tempo os valores cristãos, ou seja, a humildade e o respeito ao próximo, que para a grande maioria são valores existentes. Nesse instante, quando surge alguém anticristão e ateu, ele não consegue estabelecer harmonia local se não se permitir os valores cristãos. São valores bastante enraizados na cultura ocidental. Um anticristão ou um ateu, mesmo sendo o que são, ainda assim são permeados por alguns valores da cristandade. Caso contrário, não conseguiriam viver em comunidade.

Talvez essa horizontalidade entre cristãos sirva como espiritualidade prática. Deus está acima, e todos precisam ser iguais diante dele. Esse é o legado que a religião impõe aos indivíduos.

Há uma diferença entre amar a Deus e temer a Deus. Quem ama, age de forma contemplativa, parece contemplar os valores morais. Age como se não transgredir as leis fosse natural. Sua espiritualidade parece ser mais leve; parece ser naturalidade não fazer o mal. Mas aquele que teme parece contemplar Deus de maneira a temer os castigos. Os castigos parecem muito mais importantes do que o reflexo instintivo da vida; parece que seu espírito perde em não fazer o mal. Torna-se assim carente, diferentemente daquele que ama a Entidade Divina, pois esse não se torna carente por não fazer o mal. Isso parece ser frequente em criminosos que se converteram ao protestantismo. Eles parecem ser mais frágeis quando convertidos, pois o arrependimento do mal passado não traz a doçura no olhar. Estes ficam fadados a uma eterna desconfiança, assim, não conseguem agir como a maioria. O ódio o cerca somente do mal, não há como ele obter uma espécie de ódio para o bem. Não há doçura nos olhos nem nos atos. Por isso, se arrepender às vezes torna-se muito caro para a alma. Já aquele que sempre utilizou o ódio para o bem (ideal), não perde a doçura e nem a raiva no olhar.

Com o arrependimento a alma parece perder alguma espécie de pureza da infância. Não que seja uma virtude ser criança, mas a potencialidade de se descobrir homem já na juventude é uma grande brisa refrescante para a alma.

Quando se faz presente o castigo de Deus-pai, a alma parece negar todo aprendizado adquirido desde a infância até então. A maioria das crianças já são sábias em determinados assuntos, inclusive os da alma. E quando há o arrependimento, parece que o indivíduo acaba negando uma série de aprendizados cultivados até ali. O mal maior parece vencer a fortaleza jovem, e um espírito jovem é sempre um renovador de ideias e de esperanças. Logo, quando o indivíduo se arrepende e abandona seu ideal acumulado na juventude, pensa-se duas vezes: ou ele tornou-se vencido, ou habituou-se com as velhas práticas. A alma jovem vencida costuma direcionar a vida pelas velhas práticas, costuma conservar a palmatória dos seus pais, dos pais de seus pais e aí por diante. O ideal talvez seja ponderar entre a liberalidade e o conservadorismo. A igreja conserva ideais com mais de dois mil anos, isso acaba cansando os sonhos dos mais jovens, pois a maioria dos jovens sente a necessidade de derrubar antigos padrões.

Toda alma sente a totalidade do trabalho de todos. É essa totalidade que enche o mundo de coisas do mundo invisível.

A alma precisa de uma totalidade de coisas, porque a alma também se relaciona com as coisas. Mas a alma mais forte sente a necessidade de ideais; sem eles a vida torna-se uma corrida dentro do vazio. O ideal traz força para o poder espiritual, e isso os mais jovens possuem em demasia. Quando se arrependem parece que a alma morreu, pois ela levita de acordo com o pulsar das ideias e, muitas vezes, os arrependidos, talvez por uma espécie de pequena inveja, tentam dificultar as luzes, que antes também possuíam, dos mais jovens.

Reflexão

A tenda da juventude é maior quando surge o amadurecimento. Todos sobrevoam os espaços e parecem ser feitos de material secreto. A quantidade parece ser exagero, e a qualidade parece ser perfeição. Sorvendo a romã do silêncio e as rimas do sagrado, encontrando-se com a saída de uma saudade rugosa.

O grande sábio é aquele que precisa aprender tudo de novo. Dessa vez, com a peneira da maturidade. Encontrando assim água pura e cristalina em todo lugar onde passa.

Assim como a ciência menospreza a religião, a religião também menospreza a ciência. O que é a totalidade do trabalho senão a constante tentativa de descer os Céus (paraíso) até este mundo. Constantemente o homem traz ao mundo peças (coisas) de um mundo invisível. A inspiração de cada um eleva a vida. Qualquer tipo de trabalho é fundamental na busca do homem pelo elo perdido. Chegará um dia em que a vida sobre a Terra será imortal? Chegará o dia da perfeição? Pode ser que não, mas o homem nunca se cansará disso. O trabalho nunca deixará de existir. Isso é verdade! Não podemos refutar o trabalho como mola motriz para um tempo de perfeição.

O fogo antigamente era tão difícil de se conseguir, que somente sacerdotes conheciam o segredo, hoje qualquer um pode fazer fogo...

O trabalho, portanto, além de sobrevivência garante sua contribuição para a perfeição. Esse é o fundamentalismo do trabalho; toda alma precisa de trabalho, sem ele não há como obter a verticalidade com Deus e nem a horizontalidade com os outros.

"O trabalho enobrece a alma e dignifica o espírito."

Por isso a alma sente seu lugar na grande marcha. Às vezes, o indivíduo pode estar sendo afligido por vários males, mas quando trabalha, esses males parecem sumir. O trabalho é a grande chance que o homem possui para não se deixar adoecer.

As revelações para sentir-se elevado é que além de uma guerra (ideal) o homem deve usar a própria alma como parte de disputa. Ou seja, deve-se entregar ao ideal, pois quando tem um ideal, e parte-se como se aquilo fosse algo de segundo plano, não se consegue se concentrar para a guerra (ideal). A alma deve estar totalmente entregue à disputa. Quando esse sentido está desperto, as chances de elevação do espírito diante da verticalidade com uma Entidade Divina são maiores. Sim, lutar com alma, até mesmo quando a guerra estiver perdida. O guerreiro deve gostar da guerra e não da vitória.

Reflexão

Quando o guerreiro gosta da guerra, sua alma parece não perder nunca, pois sempre há uma outra guerra em que pode participar.

O múltiplo nunca considera somente a guerra, pois sua visão torna-se cega para a vitória. Essa talvez seja a maior diferença entre o uno e a multiplicidade.

O éter queima no espaço, mas há um paralelo de ideais, e a procura é sempre a lógica do bem comum. Se a lógica não é o bem comum, então o ideal está perdido.

Escolha a guerra e use o sangue da alma, pois o incansável permanece vivo mesmo com a derrota. A alma foi feita para ser usada e abusada em vida, pois é ela o que importa durante a própria vida.

Clame pela vida com a alma, pois se a alma não participar da vida, não haverá nenhuma graça em viver. Paixão da vida é o agradecimento da alma. A alma e a vida devem conjugar-se num só ideal, porque a alma somente está no corpo por causa da vida. O que faz sonhar é o que a alma nunca deixará de agarrar. A alma está presa no que tange aos olhos e à felicidade. Ela sempre estará ali. Muitos têm tanta vontade desse sonho (a vida) que saltam do avião sem paraquedas mesmo. Em todos os caminhos existem pedras, mas somente os olhos podem julgar se as pedras são pequenas ou grandes.

Não há como desvincular a alma dos sonhos. Ela é verdadeiramente regente da vida. É ela quem faz suas escolhas mais sábias.

Reflexão

Deixe de assistir à televisão pra você não pensar que não é bom o suficiente...

Acompanhe as vontades da alma com razão. Somente assim conhecerás mais facilmente a si mesmo. Agora, não se pode negar as vontades da alma. A alma é vida, sua ausência é morte. Não acompanhar as vontades da alma é como viver para a morte. O ideal é prazer que a felicidade proporciona. O ideal somente torna-se resultante de todos quando todos possuem o mesmo ideal.

Mudar de vida é ouvir a alma. Quem acompanha a própria alma nunca precisará querer mudar de vida. Ela é o melhor zagueiro e o melhor atacante. Toda alma quer ser feliz desde sempre, assim como é feliz o eterno estudante. Se você aprendeu muito e considera isso pouco, então isso prova o quão é maravilhosa a vida, pois a fonte é inesgotável.

Não se pode negar a alma, pois ela é um presente para o corpo. A alma pensa e age por meio do corpo. Poucos são capazes de entender o pequeno sonho que é a vida e, por ignorância, abandonam os sentidos nobres da alma.

A vida é um presente divino que a maioria desperdiça por valorizar mais a riqueza do que qualquer outra virtude. A vida tem como dever um sentido superior às outras coisas, nada é mais importante do que viver, e viver sem a alma acesa é como querer negar a própria qualidade de vida da alma.

O sentido da vida é viver, e viver por um ideal é dar completa razão a esse sentido da vida. Todos possuem ideais de vida, mas muitos preferem assustar e esquecer esses ideais. Alguns praticam pouco e outros praticam bastante seus ideais. A alma ganha chama crepitante com o ideal. Nenhum grande personagem da história viveu sem ter um ideal. O ideal é avalanche para a alma.

Algo superior está presente em todos os ideais; mesmo que não se queira essa presença, a forte comunhão dos homens estabelece a vontade de viver bem ou melhor que ontem. A busca do bem faz por merecer um suspiro poderoso de algo divino, pois para todos a existência de algo divino leva o bem a ser o instante de elevação. Prefere-se sempre a vida, e é por isso que a alma clama pela felicidade.

A vida busca autopreservação. Isso é o instinto de todos. A fuga do homem de seus instintos animais o faz ter determinado aspecto de fraqueza. Os animais não se suicidam, pois está presente dentro deles que são mais importantes do que os outros animais. O instinto animal segue o instinto de autopreservação. Já os conceitos cristãos, também identificados em outras religiões, dizem que os outros são mais importantes do que si próprio e que se deve renegar o prazer em benefício do prazer do outro. Isso é diferente de compaixão, que é identificada como ajudar o outro a sair do sofrimento, mas como conceito ficou acertado, hoje, que aqueles que deveriam abdicar desse pensamento são justamente os que praticam o conceito de compaixão. Logo, o exercício tornou-se tão frequente que chegou-se ao patamar de renegar o próprio prazer pelo prazer do outro.

São os mais pobres (e nunca deveria ser assim) que se domesticam diante dos mais ricos. Por um motivo cristão, esquecem que são ainda animais, e é do íntimo de todos valorizar mais si mesmo do que os outros (o que os mais ricos fazem maravilhosamente bem). Deve-se ter em mente que o amor é uma lógica dos mais ricos (amor de Afrodite).

O império romano ainda existe: a igreja católica.

É um futuro de indivíduos dóceis, ao contrário do que deveria ser (feras). A cada instante que os valores cristãos crescem, mais os indivíduos vão abandonando a própria alma para se prostrar diante da alma dos mais ricos.

É importante ter a ideia de que o homem não deve temer a Deus, pois este sempre será o medo construído diante dos prazeres. É o próprio indivíduo que constrói o seu soberano. Deus para cada um tem uma particularidade, e às vezes representa uma comunhão de ideias entre todos.

Vale conferir! Para um assassino, em sua alma pensante, ele não vai para o inferno por causa do seu ato. Em seu "eu" íntimo, Deus já o perdoou, mas para os outros indivíduos, sim, ele vai para o inferno certamente. O Deus criado na mente do assassino é um Deus de perdão. Já para os outros é um Deus de castigo. Isso exemplifica que Deus é construído a partir do "eu" íntimo de cada um.

Então, há uma mutação constante diante da presença de algo divino. Deus do perdão ou Deus do castigo? Se existir somente o perdão, todos estão livres para fazer o que bem entenderem.. Agora, se existir somente o castigo, ninguém tem bondade o suficiente para possuir uma vida.

Reflexão

Deus entrega as asas ou as tolhe? Qual o melhor pai, aquele que dá tudo ao filho ou aquele que lhe nega tudo?

O ataque é livre pra medir o tamanho da consciência. A tosse da primavera é renascer de uma saudade. A terra obriga ao renascimento da flora. Uma verdade sem sombra em que a vida é apenas silêncio em alguns instantes.

Alguns tingem a traição com a cor do subjetivo. Essas cores que transpiram apenas a sobrecarga de sobreviver. Se ainda houvesse um rumo para a sobrevivência transpirando apenas o restante de um corpo sereno. Como se fosse uma mulher fria, tão azeda quanto um romance sem final feliz.

Sinceridade de si para o psiu, melhor do que a punição do tempo, talvez até, melhor ainda do que uma semana sem tardança. Quem precisa da surpresa de algo divino? É apenas o brilho das constelações. Pois o soldado prefere terminar a guerra vivo, não para ser homenageado, mas para voltar feliz ao seio da família. Já os outros preferem a homenagem.

Por tempos, a riqueza foi tornando-se a principal virtude para um indivíduo ser feliz. A tão famigerada riqueza que os homens tanto buscam. Todos sempre preferem a riqueza a ter um ideal (guerra), o grande problema é que a alma não consegue viver bem sem um ideal, pois ninguém terá sossego enquanto viver. A paz é pura utopia.

E mesmo com todas as observações de Cristo e o cristianismo, mesmo assim, a riqueza continua a ser a virtude preferida. De que adiantaram então as palavras de Cristo? Mais de dois mil anos de cristianismo e Deus ainda não conseguiu derrubar a riqueza do posto de a mais pretendida entre todas. Hoje, aliás, procuram a riqueza, buscando através da fé em Cristo. Como se Ele fizesse parte das vontades mesquinhas e pequenas de cada um.

Dois mil anos e o cristianismo ainda não conseguiu derrubar o interesse de todos pela riqueza. E o certo, na regra, seguindo os ensinamentos de Cristo, é que com o tempo, a riqueza deixaria de ser a principal virtude do ser. Mas parece que, com o tempo, a riqueza ganhou maior força e expressão. Hoje, as pessoas se amontoam nas igrejas com a promessa de enriquecer. O cristianismo ocidental tornou-se uma via de mão dupla: ou a riqueza, dizendo que Deus pode tudo para quem tem fé, ou a filantropia, em que se deve renegar a si para ajudar o próximo. O certo é que anos de cristianismo apenas fizeram aumentar de maneira voraz a vontade das pessoas de enriquecer. Parece que as palavras de Cristo foram inúteis, ou foram os homens da igreja que não souberam professá-las. Mais certo ainda é que os pobres se tornaram mais dóceis e os ricos, mais vorazes.

A fraqueza dos mais pobres diante do cristianismo é sensível nos países da América Latina. Enquanto o cristianismo domestica a principal virtude dos mais pobres (a dureza), os mais ricos acumulam somas estratosféricas, pois faltam a dureza e o ideal para impedir esse descalabro. Mas quando a chama da esperança brilha, lá está novamente o cristianismo para conformar os ímpetos e as atitudes dos que realmente precisam do Céu na Terra.

Pois não tem mais volta, o cristianismo não conseguiu inverter a possibilidade de decadência da riqueza, e apenas enfraqueceu os ideais de uma gente sofrida... O cristianismo somente fez os mais ricos acumularem muito mais.

A alma a partir do catolicismo

A maior esperança católica fica sendo a mensagem de que a vida não termina na morte, mas continua no além. E os católicos perguntam "O que virá depois? ". A carta aos hebreus diz que "está determinado que os homens morram uma só vez, e em seguida vem o juízo". Para os católicos, isso liquida de vez a mentira da reencarnação, que também consegue enganar tantos.

São Paulo ensinava aos cristãos de Corinto, muito influenciados pela mitologia grega que dominava a região, que "ao se desfazer esta tenda que habitamos neste mundo, recebemos uma casa preparada por Deus e não por mãos humanas, uma habitação eterna, no Céu" (2 Cor 5,1). "Sem dizer que todos terão que comparecer diante do tribunal de Cristo. Ali cada um receberá o que mereceu, conforme o bem ou o mal que tiver feito enquanto estava no corpo" (2 Cor 5,10).

Nos ensinamentos da Igreja Católica, logo após a morte vem o juízo particular da pessoa. E Deus, com sua justiça perfeita, julgava os homens.

É perceptível dentro da fé católica que há um julgamento de todos os atos antes da morte. A dualidade entre o bem e o mal existe. E quem fará o julgamento será Deus. Desse modo, a justiça divina é inquestionável. Por isso, e por outros motivos, os mais pobres tornam-se dóceis, pois numa consciência paralela esperam a justiça de Deus.

Segundo o catolicismo, cada homem recebe em sua alma imortal a retribuição eterna a partir do momento da morte, num juízo particular que coloca sua vida em relação à vida de Cristo, seja através de uma purificação, seja para entrar de imediato na felicidade do Céu, seja para condenar-se de imediato para sempre.

Resulta assim, segundo a fé católica, que o próprio indivíduo sabe da sua condenação ou não. Pois cada ser sabe: há os que clamam por justiça e há os injustos.

Sobre o Céu diz São Paulo que "o que os olhos não viram, os ouvidos não ouviram, e o coração do homem não percebeu, isso Deus preparou para aqueles que o amam" (1 Cor 2,9).

Sobre o purgatório a Igreja Católica não tem dúvida. Mais do que um estado de sofrimento, o purgatório é, ensina São Francisco de Sales, doutor da Igreja Católica, um estado de esperança, amor, confiança em Deus e paz, embora a alma sofra para se santificar. Para os que rejeitarem Deus e sua graça, isto é, os que deixarem o coração endurecer, o destino será a vida eterna longe de Deus, para sempre, e junto daqueles que também rejeitaram Deus. Jesus diz que ali haverá "choro e ranger de dentes".

Na fé católica, Jesus foi ao extremo do sacrifício humano para garantir aos homens a salvação. Portanto, Deus deu a vida para que ninguém seja condenado. Porém, Ele respeita a liberdade de cada um. Assim ele não pode salvar quem não quer ajuda.

Segundo a Igreja Católica, na segunda vinda de Cristo, que ninguém sabe quando será, haverá o Juízo Final. Segundo o magistério da Igreja, esta será a hora em que todos os que repousam no sepulcro ouvirão a voz e sairão, os que tiverem feito o bem, para uma ressurreição de vida, os que tiveram praticado o mal, para uma ressurreição de julgamento.

Nota-se que a Igreja parece querer alienar a sorte de cada indivíduo, pois se Deus não vem, então todos precisam viver sua vida, através de suas certezas e incertezas. As pessoas não podem parar de fazer o que fazem para esperar a vinda de Cristo ou de qualquer outro Deus, pois a vida custa caro e o mundo precisa girar.

Assim, enquanto o Deus católico não vem, muitos seguem morrendo sem haver uma verdade. Muitos foram enganados e a fé, desacreditada.

Normalmente, são as próprias religiões que declaram o fim do mundo; talvez para declarar a falta de sorte daqueles que não se convertem às suas utopias. Às vezes, a anunciação do fim do mundo parece ser uma estória encantada e pavorosa para aqueles que decidiram suas ideias sem o salvador católico.

Muitos acreditam no Deus católico, mas todos precisam viver uma vida em que somente a virtude da riqueza pode guardá-la. Há conflitos entre as palavras católicas e as ações dos católicos. A dificuldade de se manter aceso em alguma fé espiritual está na tormenta da vida diária em que todos os tipos de pensamento são praticados.

De acordo com o Evangelho de São Lucas 20,38, "Deus não é o Deus de mortos, mas de vivos, pois para Ele todos vivem". Isso quer dizer que nem mesmo o poder da morte tira o título dos fiéis de filhos de Deus. Isso torna patente no catolicismo que a alma tem um caráter de imortalidade. Parece assim dizer que o corpo somente abriga a alma (o "eu" íntimo).

Assim, a morte é somente um estado físico e não espiritual. Às vezes, tornando-se bastante racional, o entendimento perde as nuances da intuição, pois a racionalidade está muito ligada ao mundo físico, permanentemente material. Para a razão, somente o material tem significado, somente o que os sentidos captam é que dá vivacidade à vida. Assim, as coisas são necessariamente poderosas para quem se detém somente na razão. Já para aqueles que na medida certa usam a intuição, o mundo físico tem uma relevância menor do que o mundo espiritual (para os racionalistas esse mundo nem existe). Mas a intuição existe... Isso é fato! Se a intuição existe, então ela precisa de vez em quando ser utilizada. Não se pode desprezar a intuição completamente. É na intuição que se iniciam os grandes projetos. Leonardo da Vinci, há cerca de 500 anos, já idealizava uma espécie de helicóptero. É por isso que não se pode abandonar os ideais, eles existem no pensamento da maioria, precisa-se apenas colocá-los em prática. A intuição está ligada ao mundo espiritual, o mundo em que somente a alma pode fazer alguma espécie de ligação.

O pensamento católico sobre a vida após a morte tem sua principal expressão na ressurreição de Cristo. O fundamento da fé na ressurreição se encontra no fato de Deus ter ressuscitado seu filho, Jesus. Morrer e ser ressuscitado significa chegar a uma ampliação plena da cognição, de tal maneira que, somente na morte, a pessoa tem a possibilidade de conhecer, com clareza total e absoluta, o significado e as consequências de sua vida vivida, no individual, socioestrutural, histórico e cósmico. Ela própria, ao lado de Deus e com base nos parâmetros dele, julga sua trajetória, percebendo em que medida correspondeu ou não às leis divinas. Tal processo é conhecido como "Juízo Final". Na morte, Deus oferece a cada pessoa uma última oportunidade de conversão, momento chamado de "purgatório". No entanto, ela pode se negar a aceitar os critérios superiores estabelecidos. Ao agir dessa maneira, criaria uma situação para si bastante incômoda: o inferno. Deus quer que todas as pessoas alcancem a plenitude, o Céu, que significa uma comunhão íntima com Ele. Dessa forma, o ser humano fica para sempre amparado no amor divino, numa felicidade total.

Nota-se no pensamento católico que até depois da morte há a condição de se converter, o purgatório. Parece assim ser um Deus de extrema bondade, porém Ele pode qualificar os que tiveram vida desregrada (através de vícios: maldade, covardia...). Logo, aquele que manteve a conduta de uma vida baseada em virtudes e bondades não será de todo grato, pois se privou de vários prazeres para seguir as palavras do preceito católico.

Dando-se ainda chance de conversão, parece assim que de nada vale viver a vida baseado no sistema católico; pois há depois da morte outra chance para aceitar Cristo. E com a constatação da morte, a alma (ser) será bastante estimulada a buscar o próprio bem pra si. Nota-se que o egoísta pode considerar que o bem para si, naquela hora, é seguir Cristo. Logo, definitivamente, ele buscando o próprio bem, não quererá ir para o inferno. Parece que Deus precisa ser amado por todos, e Ele é, desde que Ele queira o bem de cada um. Muitas vezes as pessoas se afastam do Ser Divino mais por causa do cotidiano pesado da sobrevivência do que realmente por não acreditar. É mais fácil acreditar em Deus do que o contrário, pois a maioria assim o faz. Para o ateu há muito mais reflexão e pensamento do que para o crente, pois o ateu só tem a perder. Se não houver o Reino dos Céus, ele perceberá como todos, mas se acaso houver o Reino dos Céus, sua escolha entrará em conflito, e assim não poderá viver nessa morada celeste. Logo, o ateu precisa de muita reflexão antes de decidir ser ateu. Pois ele só tem a perder.

Reflexão

A tradição é um tempo de espera, e saudade por esperança. Apesar de tudo, é preferível esperança a um sagrado ruim. A chama é do tipo que faz soprar a nuvem carregada de punição. Às vezes, punindo a si próprio para não ser feliz.

A chama do trabalho tem saída para as constelações, basta apenas sobreviver das luzes de estrelas. Muito maior pode ser a sombra do revés, pois as senhoras preferem o material de brisa e o quadrado de sopro. Tente não amar a tosse da primavera, prefira o subjetivo intuito de ser soldado soberano de si. Ainda há o purgatório para dizer a todos que não foi um homem tão ruim assim.

A alma a partir do protestantismo

Agora, preste atenção no questionável conceito de vida após a morte segundo o protestantismo.

Desde a Idade Antiga, os povos inquietam-se para descobrir sobre o pós-morte. Querendo ou não, todos alguma vez na vida tentaram em pensamento desvendar esse mistério, ao menos para sentir segurança sobre o verdadeiro sentido da vida e da morte, e por isso são tantos os que se empenham nessa procura constante. Cada religião tem uma visão diferente, rituais diferentes e profetas diferentes. Muitos precisam escapar dessa eterna angústia da não revelação sobre o pós-morte.

Assim como os católicos, os protestantes enquanto cristãos também recorrem à Bíblia.

Deuteronômio 29,29: "Há coisas que não sabemos, e elas pertencem ao Senhor, Nosso Deus; mas o que ele revelou, isto é, a sua Lei, é para nós e para os nossos descendentes, para sempre. Ele fez isso a fim de que obedeçamos a todas as suas leis".

Nota-se que entre os protestantes o Deus punidor é mais frequente e mais áspero. As leis do Antigo Testamento são muito mais vistas e pregadas por seus pastores. Os protestantes buscam seguir regras mais duras para obter a graça de Deus. Já o catolicismo parece ter regras menos duras.

Para os protestantes não se deve, em hipótese alguma, investigar sobre aquilo que Deus ainda não revelou. Aqueles que tentam entrar nesse caminho acabam por entrar na heresia e anulando a própria fé.

Assim, o protestantismo nega qualquer tipo de ideia com relação a vida após a morte e qualquer mensagem sobre isso é considerada um pleno pecado contra as vontades de Deus. Mas se ainda assim existir a dúvida, tudo somente poderá ser revelado através da Bíblia. Para os protestantes, somente a Bíblia tem o poder revelador das coisas espirituais. Qualquer pensamento espiritual somente pode ser positivado através do poder da Bíblia.

E os estudos bíblicos feitos pelos evangélicos têm a ampla consideração de que a Bíblia afirma que a morte é o salário do pecado: "A morte representa o maior enigma da vida humana. Além disso, Deus pôs o anseio pela eternidade no coração do homem" (Eclesiastes 3:11).

Por isso, os protestantes revelam que através dessa fragilidade humana se encaixam as heresias (tudo aquilo que não é bíblico) e contradizem outras religiões sobre a reencarnação: "E, assim como aos homens está ordenado morrer uma só vez, vendo, depois disto, o juízo" (Hebreus 9:27). A reencarnação defendida por muitas religiões é combatida exageradamente pelos evangélicos, reencarnação que seria a possibilidade da alma viver sequencialmente na Terra.

Para os protestantes, Jesus pode arrebatar a Igreja a qualquer momento, por isso os cristãos devem estar preparados. O crente que morre hoje é elevado aos Céus através dos anjos e encontra-se com Jesus, e mesmo assim nem todos que estão na igreja vão para o Céu.

Há ainda para as pessoas que buscam apenas o poder de Deus, sem haver em cada uma uma transformação espiritual, o fato de não serem salvas. Somente aqueles que se regeneram e buscam Jesus serão abençoados.

Nada alcançara aquele que foi batizado, mas não se converteu espiritualmente. Valerá muito mais o convertido que não foi batizado, mas que segue os dogmas evangélicos. Já aquele que recusa o batismo por não querer compromisso não obterá salvação nenhuma.

Nota-se o quanto os evangélicos são mais duros do que os católicos. O Deus punidor torna-se mais frequente, porque não há nem o purgatório para alguns se redimirem.

Em alguns estudos evangélicos, cada um terá lembranças de suas vidas terrenas. Não haverá sentimentos humanos entre os espíritos de cada um. Dentro desse conceito não haveria dor, prantos ou lágrimas.

Todas as possibilidades de vida após a morte devem ser pensadas, pois de todas pode haver uma. É como haver vários caminhos e somente um poder ser trilhado.

Para os evangélicos haverá somente o eterno louvor para com Deus.

A maior tendência humanística da pós-modernidade é a de acreditar na impunidade do homem diante de Deus. A famosa concepção de que Deus é bom vai ao encontro de todas as fraquezas do ser humano, pois, sendo assim, o homem não teria juízo próprio e não seria um espírito. Os cristãos acreditam que Deus é amor, se então Deus é amor, por assim dizer, deve haver o oposto. Portanto, uma justiça precisa ser predita no Reino dos Céus.

Os protestantes acreditam que não é da vontade de Deus que alguém vá para o inferno. Isso somente ocorre pela vontade da própria pessoa. E a chance de ser salvo somente ocorre na vida, o que diverge do catolicismo (no qual mesmo na morte haverá salvação). Por isso todos os homens tiveram a chance de serem salvos.

Reflexão

O Céu e o inferno precisam ser pensados depois, pois hoje precisa-se da sobrevivência...

A nuvem está carregada de desmaios sobre o fim e sua lógica, é preciso propor algum espaço branco no meio de tudo. A antemanhã é como a rapacidade, brilha somente um pouco do que possa ser a vida plena. Assim como o sonho existe, também existe o perdão, pois verdade sem coração é como estar na penumbra do mal.

O inferno é somente para aquele que deseja o inferno, pois muitos são obscuros, nulos. Nem todos sabem o que é perdão. E, antes de aprender a perdoar, é preciso aprender a pedir perdão.

Os evangélicos classificam a morte em três tipos: morte espiritual, morte física e morte eterna.

A morte espiritual é resultado da desobediência do homem diante de Deus, o que atingiu toda a raça humana. Nesse aspecto, Deus expulsou Adão e Eva do paraíso, e nunca mais apareceu na virada do dia, como costumava fazer. Agora, distantes do Éden, estavam mortos diante de seus delitos e pecados. Por isso, até seus descendentes já nasceram mortos. Hoje, a descendência do casal constitui a enorme multidão de pessoas prestes a morrer em todo planeta. Portanto, todos são responsáveis pelos roubos, latrocínios, idolatria, assassinatos, feitiçarias, sequestros, adultérios, corrupção, prostituição moral, espiritual e religiosa. Todos são culpados por tudo que existe de mais repugnante na sociedade, por isso a pena é a morte, pois todos despertaram a ira de Deus, que pretendia lançar todos ao fogo e ao enxofre do inferno. Mas houve um plano de salvação vivo com Cristo Jesus antes dos tempos dos séculos, manifestada agora pela aparição do Salvador, o qual aboliu a morte e trouxe de volta a vida. Estando o homem morto em ofensa e pecado, mas sendo Deus riquíssimo em misericórdia, fortaleceu todos com ele. Há o livre-arbítrio para escolher que tipo de vida se quer viver em cada corpo. Quem seriam esses ressuscitados com Cristo? São todos que, embora estivessem no mundo do pecado, foram alcançados pelo amor de Deus e aceitaram o seu filho Jesus.

O que o homem deve fazer, segundo os evangélicos, para ser vivificado por Deus? Em primeira hipótese, ouvir a palavra de Jesus. Por isso todos que seguem os mandamentos de Cristo estarão para sempre vivos.

Outra palavra que os evangélicos precognizam é uma renúncia a si mesmo. Isso significa que, quem renuncia a si mesmo, logo está rejeitando a velha vida, em que o homem segue cedendo apenas aos seus interesses e prazeres, pois Cristo é o único caminho a ser seguido.

Assim, os evangélicos pregam que a velha vida está mortificada de prostituição, impureza, apetite desordenado, concupiscência e avareza. Logo, os evangélicos são cristãos que proclamam a palavra com mais dureza, pois não aceitam que a salvação pela graça não requeira do cristão a separação dele com o mundo. A palavra final sempre virá da Bíblia, porque somente a Bíblia possui a graça de Deus, trazendo a salvação para todos os homens, desde que percebam a salvação em vida. Logo, devem rejeitar a vida mundana (concupiscência) e caminhar com o propósito da palavra de Deus. Mesmo assim, a mudança não conclui uma vida sem sofrimentos, por isso deve-se resistir a todo e qualquer tipo de sofrimento e nunca perder a confiança em Cristo. Pensa-se, assim, que os evangélicos fazem parte de uma ordem de cristãos mais fundamentalistas (a palavra da Bíblia é a ordem primeira e a última).

Reflexão

Seguir com o sobrenatural bem é tentar totalizar o que há de soberano em cada um. Às vezes, a tradição é tida como mais sincera, mas somente é vista assim porque todos a nomearam como razão. A verdade que não pode ser verdade transforma-se em razão pelo número de vidas que a consagram. A roupagem do bem está na ruína e no sólido. O bem pode ser sólido sem a precisão de ser sagrado. Tão simples quanto o adoecer com tosse.

A punição só pode ser pensada quando ela se revela. Enquanto isso, resta apenas sobreviver, e sobreviver não é tão simples quanto uma oração. Para sobreviver é preciso ser belicoso, conhecer da arte da guerra que os religiosos tanto depreciam. Portanto, sobreviver é mais importante do que ter uma religião.

O último sorriso do inimigo pode ser o fogo que queima teu próximo pão. O sem-vergonha nunca amanhece os pensamentos, pois não consegue reagir à surpresa da tarde e do tempo. Melhor do que a queda somente a esperança de voltar para cima. Nenhum tipo de amor consegue ser negativo, pois amar é como voar olhando para cima. O espírito pode deixar de amar, mas não deixa de querer amar. Por isso, maciço mesmo somente pode ser o espírito que consegue proteger a sua própria lógica.

A alma a partir do espiritismo

Segundo o espiritismo, o desprendimento da alma e do corpo acontece gradualmente e num tempo variável, de acordo com os indivíduos e as circunstâncias de morte. Os laços que unem a alma ao corpo não se rompem senão pouco a pouco, e esse processo torna-se menos rápido se a vida foi mais material e mais sensual.

No momento da morte, primeiro tudo parece ser confuso, a alma precisa de um tempo de reconhecimento (porque precisa saber que morreu). A alma, nesse momento, está no estado de um homem que acaba de acordar de um sono profundo e que procura saber o que está acontecendo. Logo vem à tona a lucidez das ideias e a memória do passado que surge à medida que se desfaz a influência da matéria da qual acaba de se libertar.

A duração da perturbação que se segue depois da morte é muito variável; pode ser de algumas horas, alguns dias, vários meses ou vários anos. Ela é menos longa naqueles que durante a vida tiveram menos apego à vida material. Essa perturbação não é penosa, ela é calma para o homem de bem, semelhante à sensação de um despertar pacífico. Já para aquele que não se desprende da vida material e sensual, essa perturbação é cheia de ansiedade e de angústia no momento em que ele se reconhece.

A sensação é a de um grande alívio e de um imenso bem-estar, sentindo-se livre de um fardo. E a felicidade vem porque não há como sofrer. É como ser liberto de pesadas correntes.

A alma no momento da morte vê e ouve o que via e ouvia antes da morte. Possui sensações e percepções que são desconhecidas para os mortais.

A situação da alma no pós-vida ou até mesmo durante a vida não é resultado de teorias, mas, sim, segundo os espíritas, de estudos diante de vários indivíduos observados em todas as fases de sua existência. Essas fases são qualificadas em escalas de baixo e alto grau, segundo os hábitos na vida terrena.

O espiritismo possui uma linha muito tênue diante da vida após a morte. Acreditam que são os espíritos que cercam um indivíduo para instruí-lo durante a vida, a partir da regência de Deus, que precisa advertir contra a incredulidade e o materialismo dos tempos atuais.

Os espíritas acreditam que Deus está em toda parte, iluminando os espíritos. Todo o universo está diante da divindade e esse universo é constituído de espíritos atrasados e avançados. Os espíritos atrasados são dominados por uma espécie de neblina maléfica que somente se dissipa quando vem a morte. Esses espíritos inferiores são considerados espíritos cegos.

Os ensinamentos espíritas acreditam que, se não houvesse vida após a morte, não haveria nenhuma razão para a existência do bem e do mal, pois aquele espírito criminoso haveria então de estar no mesmo plano de um espírito de um homem de bem, o que resultaria em nenhum interesse de se fazer o bem.

A alma encontra sua individualidade porque tem pensamento e vontade própria; as almas são diferentes umas das outras. No espiritismo admite-se um princípio inteligente universal que todos adquirem no nascimento e precisam para fazer parte de uma evolução espiritual.

O estado da alma varia de acordo com cada evolução espiritual.

O fenômeno mais rotineiro é o da alma não perceber a morte, essa ilusão torna-se frequente durante muito tempo. Essa situação encontra-se mais em indivíduos no qual a vida esteve sempre absorvida nos interesses da concupiscência (apetite sexual e material).

A alma conserva as suas afeições morais, algumas não se esquecem do prazer material, por isso, buscam rever parentes e amigos. Os amigos parecem não ser esquecidos mesmo depois da morte. Os espíritos desmaterializados pouco se preocupam com os bens materiais, e até ficam felizes de se livrarem dessa responsabilidade.

Todas as almas precisam evoluir intelectual e moralmente, e algumas evoluem bastante, precisando colocar na prática na vida corporal. Nisso ganham em ciência e moralidade.

Fica claro que no espiritismo há uma maior preocupação com a sabedoria de cada um do que com a matéria, pois a sabedoria parece ser a única coisa que o espírito pode levar consigo. Já aquelas almas que não evoluem em conhecimento e sabedoria sempre retornam para o passado estático. Por isso, o Deus espírita quer que todos busquem amadurecer e evoluir.

Reflexão

O espiritismo parece ser ciência, cada um recebe o que deu em troca. São vestígios que nenhuma princesa da lógica pode perceber. O absoluto é o oposto da vida terrena. É como não saber ler a musicografia do universo. E a piedade será vazia para uma passagem de papel e parada. Assumir a mea-culpa parece ser somente nuances do mármore e da matéria.

O inocente sem palavras e o culpado rico de verbos negativos. Ouvindo apenas seus delírios ardentes e suas vontades pueris. Livre parece ser apenas quem chora, assim Deus parece ser realmente maduro de justiça. Quantos fazem os outros chorarem pela vida inteira? A natureza é justa e decora a vida de pensamentos justos, assim como é justo a lagarta transformar-se em borboleta.

O espiritismo reconhece o fogo do inferno. Não é um fogo material, é um fogo moral, definido como sofrimento de culpa, e de acordo com as faltas cometidas os castigos também podem ser maiores ou menores.

Para os homens de vontades passionais e materiais, haveria uma impossibilidade de se satisfazer; logo, para esses, tudo seria uma tortura. Alguns ficam presos às riquezas materiais que adquiriram durante a vida e passam a fazer vigília para que ninguém tome posse.

Todas as faltas e más ações são devidamente punidas através do mundo dos espíritos e são consequências naturais para os espíritos pouco avançados. Por isso não há um lugar determinado para as péssimas almas, pois, por toda parte, o espírito perverso carrega seu inferno consigo.

Para os espíritas o purgatório é aqui na Terra. Não há a piedade extrema do cristianismo, todos pagam por seus maus atos. Não se usa a prece como meio de aliviar o sofrimento dos espíritos imperfeitos, pois o infeliz é sempre aliviado quando encontra os caridosos que se compadecem de suas dores.

Os bons espíritos possuem felicidade que consiste em conhecer todas as coisas, não ter ódio, nem ciúme, nem inveja, nem ambição e nenhuma das paixões que trazem a infelicidade dos homens.

O amor que certamente pune é para eles uma fonte extrema de felicidade. São pessoas que não experimentam a necessidade, nem os sofrimentos, nem as angústias da vida material. A vida entregue à espiritualidade é uma atividade inesgotável, e somente assim pode-se encontrar a felicidade. São indivíduos que querem se tornar úteis para o bem comum.

Reflexão

Muitos se desinteressam em fazer o bem para os outros, pensando que assim perderiam o material. É assim que rege a lógica dos príncipes do caos sem compaixão. Precisam sempre do personagem como escudo na maioria do simples soprar. Alma vingada é alma justa. Se utilizam da mazela para defender a forma de atacar. Somente o palmo da justiça para descobrir os olhos ao absurdo.

Segundo a doutrina espírita, depois da morte há uma nova vida. E este é um caminho certo e com revelações bastantes para os espíritos desencarnados.

Para muitos a morte é a única certeza da vida, porém para os espíritas existe uma ideia mais significativa: depois da morte no corpo físico, o espírito torna-se livre, consciente e ainda vivo.

Após a morte, os caminhos de cada um se abrem diante de diferentes circunstâncias. Todas as diferenças podem ser notadas diante da forma como morremos ou até diante da vida terrena de cada um.

Outra ideia bastante comum no espiritismo é a de que cada um une-se a outro que possui o mesmo movimento de pensamento, pois todos se desenvolvem de acordo com a força do semelhante. Todos precisam crescer juntos. Todos passam por essa fase, como se fosse uma escola, até atingirem estágios superiores de espiritualidade.

O princípio da espiritualidade é mantido totalmente através do pensamento. É o pensamento que dá vida ao espírito. Assim, a consciência da vida é diferente para muitos espíritos. Portanto, o que morre é somente o corpo, pois o pensamento daquela pessoa ainda permanece vivo com seu espírito. Depois de desencarnar, os espíritos amigos (de mesmo pensamento) ajudam o espírito desencarnado a se desprender a matéria.

A alma se desprende gradualmente e não escapa como um pássaro cativo subitamente libertado. Quando ocorre uma repentina saída do corpo, diz-se que houve o trauma na hora da morte. Isso pode causar um estado de confusão, caso o espírito não tenha muita intimidade com o mundo espiritual. Logo, o estado do pós-morte depende e muito da elevação daquele espírito. Já aquele que possui o sentido espiritual mais apurado reconhece imediatamente a sua desencarnação.

O mundo de repouso é destinado àqueles seres errantes; são como acampamentos, campos para repousar. Existem vários níveis de mundos.

O fato de não existir a morte no espiritismo deve-se à ideia de que a energia nunca cessa, mas sempre se transforma. A energia seria igual à consciência, que seria igual ao infinito.

Reflexão

A responsabilidade da primavera de renovar e elevar a vida faz parte do turno elevado de Deus. É como trocar a tosse pela febre. É como respirar a tradição da verdade. É como presenciar a ruína da quantidade ruim. Voando como soberano é como voar do espírito inferior para o espírito superior. Todos podem transcender a partir do momento que o revés se tornar algo puro dentro do coração.

A verdade tem duas rotinas: uma é verdade, a outra é saber pedir perdão pelo engano.

A alma a partir do judaísmo

A vida depois da morte é fundamental na religião judaica. A própria criação do homem prova a vida eterna da alma.

"E o Todo-Poderoso formou o homem do pó da terra e soprou em suas narinas a alma da vida", declarando: "Aquele que sopra, sopra dentro de si mesmo". Assim, a alma é parte integrante da capacidade infinita de Deus. Como a alma é essencialmente espiritual, e nunca física, logo não pode existir a morte para ela. Isso é parte dos ensinamentos de Salomão: "O pó retornará ao solo como antes, e o espírito retornará a Deus".

Quando acontece a morte, o corpo e a alma, que antes eram considerados apenas uma entidade única, se separam. O corpo volta para a matéria do mundo, perdendo sua ligação com a vitalidade. Já a alma existe na eternidade e é transferida para um mundo mais próximo, um mundo completamente espiritual. Essa transferência acontece através de níveis. A alma judaica passa por vários níveis até acontecer o desligamento total da alma com o corpo.

Também existe na religião judaica a punição para os maus e a recompensa para os bons. A alma ainda precisa passar por uma série de purificações até chegar no paraíso. Para o judaísmo o inferno não é uma punição, mas, sim, um sofrimento espiritual, uma espécie de transição para que a alma se purifique de seus pecados e, assim, eleve-se diante dos reinos espirituais.

Para todos aqueles que acreditam em Deus, a existência de uma vida após a morte torna-se lógica, pois a vida também deve ser tratada através de suas consequências de se fazer o bem ou o mal. Todos os bons atos de sabedoria feitos nessa vida são levados em consideração, servem como uma proteção para a vida após a morte.

A alma assiste a sua própria vida como uma fase de julgamento interno. Tudo que aconteceu na própria vida é mostrado, sejam as boas ou as más ações. Isso é chamado de mundo da verdade, é neste mundo que o judeu conhece realmente sua força pessoal e suas falhas. Depois a alma assiste à vida como ela poderia ter sido, se as escolhas certas tivessem sido feitas. Essa é a parte mais difícil de suportar, mas também serve como purificação da alma. O sofrimento provoca o arrependimento, possibilitando a chance de ligar-se a Deus.

Reflexão

As religiões possuem a tradição do verdadeiro transpirar da primavera. A tulipa e as rosas tingem os ares da sobrevida, da verdadeira tendência da precisão de que a vida precisa continuar. O rotativo perde-se na quantidade de corpos que tentam esquecer a única e verdadeira morada. Totaliza-se apenas o tigre interior, esquecendo-se da tenda interior que abriga a alma, verdadeira senhora dos sonhos da vida.

No judaísmo, quando a alma abandona o corpo, continua a ter outras experiências. A alma recebe as recompensas de suas obras no mundo, apreciando a divindade, e vendo os resultados de seus trabalhos. É como passear pelo paraíso, acompanhando o crescimento espiritual de seus entes e queridos amigos, respirando apenas os ares livres de um infinito azul. Porém, todos retornarão à vida no momento do Mashiac, o momento da ressurreição dos mortos.

O corpo está sempre dedicado aos acontecimentos da Terra, e talvez por isso torna-se limitado para enxergar os elementos espirituais. Somente a alma possui uma sensibilidade secreta com a Divindade a ponto de se compadecer do corpo, esquece-se que é no Céu que a alma vive os maiores prazeres possíveis, tal qual um sentimento de proximidade com Deus. E nem todos podem sentir esse prazer revelador na mesma intensidade.

Nos princípios religiosos judaicos pode acontecer de algumas almas possuírem um contato mais imediato com a Divindade, e mesmo assim não conseguirem apreciar esses valores espirituais. Na religião judaica o culto à sabedoria dos valores espirituais é como uma apreciação para o momento do pós-vida, pois aquele que se propõe a cultivar o próprio espírito, como também outros espíritos, permanecerá em completa fusão de felicidade com Deus.

O momento em que a pessoa consegue fazer o bem é aquele em que ela experimenta o Céu aqui na Terra. A capacidade de se doar é inteiramente o instante de vivência do amor fraterno.

A existência da vida após a morte não deve ser abertamente declarada, para assim o indivíduo se manter rigidamente preso à sua missão na Terra. Suas obras devem ser realizadas, mesmo sem haver recompensa. Não pode haver motivo para a realização de suas obras de bem.

Há um ciclo constante: enquanto o corpo entra em decomposição, ao mesmo tempo a alma vai se libertando do corpo para alcançar as alturas do Céu, a verdadeira fonte do bem.

Reflexão

Portanto, todos os tementes a Deus têm suas obrigações e deveres junto a Deus. Participar da terra, da água, do fogo e do ar, triunfo somente existe como surpresa. É como abrigar-se de seda, é como ser material supremo enquanto vida. O dever deve ser sem-razão, deve ser o sólido de sombra contínua em rimas no celeste. Querer bem é ser escudo de todos e espada de ninguém.

O ímpar entra em descanso quando o par exagera-se, protestando que nem tudo pode ser mais, como nem maior pode ser o amor diante do bem. A proximidade da brisa revela o toque do bem sem o número do pensamento. Os mares também assim são, sua imensidão declara uma força maior do que o maciço artificial.

Não existe condição de entender a Cabala sem acreditar na eternidade da alma e em reencarnações. Diante dos conceitos de eternidade e de reencarnação, os cabalistas desenvolveram uma interpretação própria diante da aliança feita entre Deus e Abraão. A reencarnação é vista como o momento em que aqueles que praticaram o mal serão punidos, e os que praticaram o bem serão agraciados, pois o pecado diante de Javé será reconhecido ao reencarnar na própria família, ou seja, pode-se reencarnar num neto ou num bisneto. Assim o espírito vai ser recebido na mesma família, dependendo da missão de vida de cada um.

Uma alma deve voltar várias vezes para cumprir todas suas missões dentro de uma lei judaica. Enquanto não termina suas missões, a alma sempre retornará e isso torna alguns bastante especiais, pois é difícil encontrar aquele que sabe exatamente sua missão de vida. É algo como uma iluminação para elevar o espírito.

É certo que para o judeu a vida não termina depois da morte. Pelo contrário, ela segue como continuação para uma nova vida, mas num plano diferente, no plano da alma. É como se cada plano fosse determinado para cada missão a ser cumprida. Segundo a doutrina judaica, não há como se fazer uma ideia da vida após a morte, pois é algo divino, e ultrapassa os limites do cérebro humano. Não há como experimentar o inimaginável.

Em algumas passagens do Antigo Testamento, o texto revela as condições do Deus hebraico para que a vida torne-se uma única fonte de verdade: "Pergunta às gerações passadas ou primeiras e medita sobre as experiências dos antepassados. Porque somos de ontem, não sabemos nada. Nossos dias são uma sombra sobre a Terra". Esta é a recomendação: deve-se buscar sabedoria através dos mais antigos, dos viventes do passado e suas experiências. É a partir das descobertas do passado que a revelação sobre os sofrimentos atuais torna-se possível. E Deus, em sua infinita misericórdia, apaga nossas lembranças para afastar de cada um o remorso pela falta cometida no passado, para isso e para a evolução de todas as almas com seus semelhantes.

Reflexão

A chaminé expele a fumaça, assim o mal também deve ser expelido, é chance de ascender a níveis mais distantes e consagrados para a alma. O sagrado sempre encontra saídas, enquanto a ruína quadricula. A queda arredonda. O ensinamento que há em toda parte do sagrado pede o sopro da primavera, da alma que deseja transpirar apenas a tradição. O trabalho branco propõe a descoberta de possibilidades, é desse trabalho que nasce a neta do alívio. É como sonhar sempre em ser absoluto, é como se o superficial da alma fosse apenas absurdos sem importância diante da ideia do bem soprado nos ouvidos de quem usa mais o escudo do que a espada.

A vida após a morte parece fundamental na religião judaica, e precisava ser assim em todas religiões. A incompreensão da vida leva a crer numa busca pela compreensão. Tudo o que é incompreendido deve ser compreendido. Precisa-se primeiro compreender o "eu" espiritual para verificar a veracidade do todo. O depois da morte é incompreendido, por isso nascem as religiões, devido ao frequente medo da morte. Mas tudo precisa ser compreendido; isso é uma vontade frequente das paixões. A própria busca pela religião é uma busca da compreensão da vida e do pós-morte. A necessidade de elevar o pensamento a algo que não traga dor sempre estará presente nos homens enquanto estes não encontrarem a vida eterna. Às vezes parece que toda ciência existe para a busca frequente da vida eterna.

O pós-morte é incompreendido, mas precisa ser compreendido. Sabe-se que existe a morte, logo, se ela existe, então ela se torna algo, e esse algo se revela nas intuições dos homens. Há intuições que alcançam a verdade, pois a intuição é uma busca da verdade. Às vezes, as intuições nascem de alguns sinais, como um simples "hoje deve chover". Essa intuição surge da visão de nuvens pesadas no ar. E a intuição de que existe vida após a morte, como surge? Da completa falta de sentido na vida. Parece não haver sentido na razão da nossa existência, por isso surgem as intuições sobre a existência de Deus.

Dentro da religião judaica há uma crença de que existe vários níveis em um mundo espiritual. Isso é permanentemente a crença em uma intuição. O homem é sensível diante de suas intuições, por isso torna-se fácil crer que estamos diante de um mundo espiritual, onde todos buscam o topo. Não se pode desacreditar completamente uma intuição, pois todas elas juntas fornecem caminhos que podem levar à verdade. Mas existe uma lógica para a existência dos níveis, pois o homem precisa mudar, o homem precisa ser perfeito para chegar aos braços de Deus. O próprio fundamento da falta de sentido na vida pode ser explicado numa base de que estamos no mundo para melhorar. Se a alma existe, então ela precisa de uma função, pois todas as coisas possuem função. Logo os seres possuem sua função no universo. A partir da análise de um corpo humano, chega-se à conclusão da função de cada parte do corpo. Os olhos possuem sua função, a boca, o nariz, a pele, os pés, ou seja, tudo possui uma função. Logo, a alma também deve possuir sua função. Ela existe através de uma intuição, mas torna-se razão a partir do momento que um corpo perde a vida. A alma possui o controle da vida, é ela quem revela os pensamentos e as vontades. Se acaso a alma existe (quando um corpo morre, nota-se que perdeu algo), então ela possui uma função, pois tudo que existe no mundo tem uma função. O judaísmo explica essa função a partir dos níveis na busca de Deus. Toda religião busca explicar a função da alma na existência.

Reflexão

O último século seria o ultramar, agora o último século é aquele em que o sol ainda sobrevive. Tocar o tilintar da alma sem tosse pode ser a tendência do tempo, girar nos ti-ti-tis de todos. O silêncio é mais verdadeiro do que todas as palavras certas. O silêncio encanta mais do que a tirania da totalidade. O silêncio é verdade por si só, é sobrecarga de razão numa constelação que abriga ufos.

A quantidade de unidade é uma vontade de senhora, que pisa nas gramíneas para sentir o perfume das flores. Tão quente seria essa senhora se sua força fosse semibruta. Infelizmente, não consegue ser, assim, somente o descanso e a felicidade ímpar podem protestar. O infinito não possui riso pois é autodestrutivo, é apenas sem-razão e sem-vergonha. O infinito pode ser sincero como palavras de um ser divino...

A alma a partir do islamismo

Todo humano possui o medo de morrer, está certo de sua morte. A incerteza sobre o futuro e o destino é assustadora. Ninguém sabe ao certo o que vem depois, mas dentro do islamismo existem detalhes do que pode acontecer depois da morte. O islã também vê a morte como passagem natural para um estágio de uma outra vida, uma próxima existência.

A doutrina islâmica diz que a existência humana perdura após a morte do corpo através de um renascimento físico e espiritual. E através da conduta de cada um há uma relação direta com a vida após a morte. Dependendo da conduta e vivência na Terra, o renascimento poderá ser de recompensas ou punições. Um dia Deus retornará para julgar todos de forma justa; então, os indivíduos partirão para a morada final, seja o paraíso, seja o inferno. É justamente dessa fé na vida após a morte que surge a boa conduta de fazer somente o que é certo aos olhos de Deus. Assim, permanece a presença do julgamento, também existente na maioria das religiões, pois sempre existem casos nos quais os virtuosos sofrem e os ímpios se divertem. Logo, a presença da justiça divina precisa continuar permanente.

A fé na vida após a morte faz parte de seis crenças básicas exigidas de um muçulmano para complementar sua fé. Assim sendo, rejeitá-la torna todas as outras crenças um vazio sem sentido.

Para os muçulmanos a aceitação ou rejeição dos caminhos de Deus é a maior determinação para o preparo da vida espiritual, pois os que abdicam da crença no julgamento final e enveredam para os prazeres para fazer sofrer o próximo, devem temer o julgamento dos virtuosos através da lei divina.

O islã acredita que o morto possui uma existência continuada no além-túmulo.

Reflexão

Deus tende a ser o que é certo. Vale como tardança de surpresa aos corações aflitos. A unidade é um qualquer em queda, não adianta apenas enxergar o rito, deve-se ser rocha de silêncio e de significado. Se a sua unidade torna-se rocha, haverão de sofrer somente os ímpios. Tire o querido-meu--amoreco da boca para perceber que o vazio é uma constelação soberana. A rocha é o que mantém o sobreceleste da alma vivo.

Deus sempre tenderá a ser o que é certo. Enquanto alguns queimam o mundo em busca de Deus, outros regam a floresta para o jardim divino. A boca, o prumo e o descanso valem apenas para o protesto contra a própria alma. Ser o sopro primaveril é como ser rocha sem rimas. Amar não pode ser tão bom assim, pois o ódio às vezes torna-se necessário, assim como também torna-se necessário sobreviver da última unidade.

Os muçulmanos acreditam que, depois da morte, um indivíduo entra numa fase intermediária da vida entre a morte e a ressurreição. Muitos acontecimentos existem nessa fase, como o teste do túmulo, onde todos serão questionados pelos anjos sobre sua religião, profeta e Senhor. O túmulo pode ser um jardim do paraíso ou uma parte do inferno; anjos de perdão visitam as almas de bem e anjos de castigo visitam as almas do mal.

A ressurreição virá quase antes do fim do mundo na concepção muçulmana. Através de um anjo magnificente uma trombeta será tocada com a ordem de Deus. No primeiro toque, todos os habitantes, seja da Terra, seja do Céu cairão inconscientes, exceto aqueles poupados por Deus. A Terra será destruída, as montanhas se transformarão em pó, o Céu rachará e os túmulos serão abertos.

Todos ressuscitarão em seus corpos originais, e a trombeta ressoará novamente para que as pessoas se levantem. Deus reunirá todos os humanos, crentes e ímpios, demônios e até animais. Haverá um encontro universal. Logo, todos ficarão aguardando o próprio julgamento. Somente os virtuosos serão amparados diante do trono magnífico de Deus. O julgamento será feito através de balanças, e os atos de cada um serão pesados. O julgados virtuosos voltarão felizes para sua família e os ímpios serão jogados no fogo do inferno e preferirão voltar para a morte.

Assim, Deus julgará toda sua criação segundo a tradição islâmica. Aqueles que creem serão perdoados de seus pecados. O descrente poderá ser salvo diante de boas ações, mas será punido se continuar o grande pecado da descrença.

Logo, o paraíso e o inferno serão as moradas finais dos crentes e dos condenados após o último julgamento. Na religião islâmica tudo será real e eterno. As bênçãos do paraíso não terminarão assim como também não terminarão os castigos do inferno.

O paraíso, para o islã, é o jardim eterno de prazeres físicos e espirituais. Não haveria sofrimento e todos os desejos seriam satisfeitos. O crente virtuoso teria palácios, servos, fortunas e toda e qualquer espécie de prazeres pessoais. Ninguém se entediaria nesse paraíso.

Já o inferno, para o islã, é um local abominável e cheio de punições e torturas, tanto para o corpo como para a alma. Os descrentes seriam eternamente condenados a esse inferno.

Reflexão

Há uma enorme quantidade de céus e infernos nas religiões de um só Deus. Logo, todos precisam de uma espécie de perdão divino, pois todos cometem faltas. Para os pecadores ainda restaria a esperança.

O céu é sobrenatural, assim como também é sobrenatural o inferno. Assim, deveria haver uma maior transparência ao crente e ao descrente para conseguir objetivar a própria conduta aqui na Terra.

Alguns sobrevivem de traição, outros de tradição, mas quem poderia sobreviver de terminação universal? Somente o ultramar é limpo no horizonte sob os olhos. É preferível conhecer o triunfo para não morrer do subjetivo. Maior do que o soldado somente o soberano. Por isso, parece faltar nas letras divinas e nas verdades divinas maiores sinais de que o sagrado existe, senão muitos preferirão sempre as coisas do mundo, pois são verdades admitidas por todos, e não a subjetividade do sagrado.

O islã foi fundado em 622 d.C, na cidade de Medina, na Arábia. Seu fundador foi Maomé num contexto religioso que mesclava politeísmo com monoteísmo, além de cristãos e judeus viverem ao redor. Na cidade de Meca havia um santuário chamado Caaba, que conserva até hoje uma pedra negra, considerada sagrada pelos árabes. Alguns desses praticavam a adoração a Allah, porém, este antes era visto como um deus tribal, sem qualquer caráter universal.

Em 610 d.C, aos quarenta anos, Maomé, enquanto meditava numa caverna, teria recebido a visita do arcanjo Gabriel, que lhe revelou o alcorão e a informação sobre um único Deus e sobre o dia do Juízo Final. Assim ele consagrou-se como o restaurador da religião que professava ser verdadeira. Com a pregação vieram inúmeras perseguições em oposição a Maomé e seus contemporâneos. Nisso, Maomé fugiu para Medina em 622. Esse acontecimento é conhecido como hégira e marca o início do calendário muçulmano.

Em Medina, ele estabeleceu sua doutrina, ganhando a simpatia de adeptos para a construção da primeira mesquita. Quando morreu deixou o legado de a maior parte da Arábia transformar-se em muçulmana.

Atualmente, o islã é a segunda maior religião do mundo com cerca de um bilhão de adeptos, perdendo apenas para o cristianismo.

Reflexão

Maomé parece ser a totalidade árabe, parece ser a principal diferença com a utopia ocidental. O urso caminha no turno da noite em busca de novas tradições, esse urso poderia ser ocidental. No mundo árabe parece não haver traição diante da pedra negra, enquanto o ocidente totaliza a traição ao Cristo Salvador. As crenças de um Deus apenas precisam de urgente unidade, pois a última transparência de um Deus apenas pode ser levada pela textura do tempo, que parece ser ruidoso diante da verdade e do singular. Ambos acreditam num Deus único que parece ser a única verdade a ser buscada. Há mais de todos em cada credo a ser imaginado. É a terminação da utopia, porque política parece ser apenas o utensílio do sofrimento sem triunfo do crente para o sagrado.

Mais sincero do que o coração crente, apenas o sistema soberano, a verdade sobrenatural e a cereja no alto sobrevoo urbano. A ruptura com as saudades de seus profetas é lembrada até sobre o revés do que seja roda de raciocínio. Precisa-se mais do que profetas para o homem poder acreditar fielmente no subjetivo e no salva-vidas. A morte existe apenas para todos.

O Alcorão é a autoridade primeira do islã. Maomé, sendo analfabeto, teve que memorizar todas as palavras para ditá-las aos seus discípulos. Assim como todas as religiões monoteístas da região, o islã acredita em um Deus somente, mas sua concepção da unicidade de Deus leva a rejeitar a crença cristã na doutrina da Trindade. Os muçulmanos alegam que os cristãos inventaram a Trindade para copiar um pouco a idolatria pagã.

Jesus é respeitado e reverenciado no islamismo como um dos maiores mensageiros de Deus para a humanidade, ficando atrás somente de Maomé. Porém a ideia do pós-morte do cristianismo parece degradante aos olhos dos muçulmanos, como algo que diminui a transcendência de Deus.

A salvação no islã depende da sustentação de cinco pilares fundamentais: a fé (*chahada*), a oração (*salat*), a caridade (*zakat*), jejum (*siejam*) e a peregrinação a Meca (*hajj*).

Sobre a vida após a morte, os muçulmanos tendem à divergência: para alguns, Deus poderá perdoar todos os pecados dos infiéis, com a exceção da descrença em Deus; para outros, haverá a salvação universal, ou seja, todos serão perdoados, até mesmo os que cometeram o pecado da descrença em Deus.

Algo bastante relevante entre o Deus cristão e o Deus muçulmano é que neste último nega-se a ideia de pecado original, pois a pureza faz parte da alma humana.

Reflexão

Parece ser a alma muçulmana mais facilmente perdoável no dia do Juízo Final. Parece ser um Deus mais misericordioso. Porém há a urgência para que todos sejam salvos. E às vezes o perdão pode premiar aqueles de crença cega na impiedade. Qual a vanguarda da totalidade do sagrado? Alguém precisa do vale-tudo. É importante que o tigre da moral não seja esquecido com a utopia. É como dançar valsa com o príncipe e seu sabre.

O vale está rodeado de serenos corpos que ainda não puderam dizer não à semiótica da semelhante reza. O único Deus parece punir o vaivém da terra para o urbano. Esse único Deus tem uma tendência de ser regido pelos homens da casta superior, logo, esse único Deus sobrevoa de paz apenas o semibranco do príncipe e da princesa. O povo é apenas peixe-flor das partes das núpcias. O espaço é esquecido, pois precisa-se ainda de substâncias para o ideal revelar-se como abraço de irmãos.

Quando o islã acredita que há uma passagem entre a vida e a morte, fica claro que se usa de intuição sutil para os descontroles da vida, pois é natural que Deus idealizado deve premiar os virtuosos e punir os ímpios. A religião monoteísta é sinceramente sagaz para controlar os anseios da maioria, pois a maioria quer viver como vive a minoria, mas a religião controla os impulsos de concupiscência. O prazer material e carnal precisa ser satisfeito e, por bem, a religião de um único Deus serve para esfriar esses prazeres. Mas daí surge uma lógica, também intuitiva, de que Deus perdoa todos, até aqueles descrentes. Também faz parte da religião muçulmana a ousadia de que Deus também poderia perdoar todos (perdão universal). Essa indicação intuitiva é bem aceita, pois se Deus é bondoso, e a bondade faz parte da conduta soberana, logo, por ser bondoso e maciço, Deus perdoaria todos. Ficaria a questão sobre aqueles que foram prudentes em vida, e diante de um Deus que perdoa todos, logo saíram em desvantagem no Reino dos Céus; a vida é infinita, sendo o perdão mais facilmente aceito para haver ordem de felicidade. Somente perdoando todos é que se pode gozar a plena felicidade do Reino dos Céus. Pois a existência do inferno acarreta trabalhos onerosos para a decisão divina. Aqueles punidos para o inferno usarão pedidos de esperança para sair do antro. Sendo assim, Deus de bondade maciça não poderia negar os pedidos de esperança.

Existe, dentro de cada um, um motivo para a maldade...

A ordem de felicidade somente é aceita se houver perdão universal. E todos devem ter suas razões para determinadas maldades. Se o Deus muçulmano é dotado de perdão universal, então a ordem de seu Reino é mais facilmente realizável, pois diante da vida eterna não há motivos para não perdoar e não ser perdoado. Quando o infinito está presente não existem mais razões ou pulsões de morte, a felicidade está presente. A condição para fazer o bem torna-se necessária, pois já não existe o medo da morte. Deus deve perdoar as máximas de maldade de cada um, pois todos são puros diante de todos. É a influência de todos sobre um que permite a facilidade de um espírito maligno. Há que se mencionar que o medo da morte torna alguns prudentes e outros valentes.

Deus diante dos homens possui apenas três alternativas: perdoar todos, castigar todos ou perdoar alguns e castigar outros.

Essa é a sentença mais aceitável de Deus, já que todos o glorificam sua bondade extrema. Sendo de bondade extrema, isso levaria ao perdão de todos os homens, pois somente perdoando todos é que se verifica a sua bondade extrema. Há homens que não perdoam, mas existem homens que conseguem perdoar tudo. Sendo assim, se Deus não perdoasse todos, logo Ele poderia ser considerado menos bondoso do que alguns homens, pois há aqueles que perdoam tudo.

Agora, se Deus castigasse todos, Ele estaria invalidando a própria obra, então não seria um Ser perfeito, pois, invalidando a própria obra, existiriam então fraquezas e imperfeições. Dessa maneira, Deus não seria Deus, e sim parte da corrente contrária ao bem. Estaria mais para um demônio do que para Deus.

A corrente mais aceita na maioria das religiões é a de que Deus salvaria alguns e castigaria outros, o que se torna aceitável se considerarmos a vida como um estágio em que todos estariam sendo testados. É dessa condição do bem e do mal que os homens verificam suas justiças, mas, por outro lado, Deus deixaria de ser a bondade pura.

Essas três possibilidades de atitude divina seriam mais aceitas de acordo com a moralidade de cada um. Sendo assim, se Deus perdoasse todos (aceitável, pois dizem ser de bondade pura), aqueles que foram maus e ímpios seriam agraciados, logo, de nada adiantaria a bondade. Mas há casos em que existem, para cada indivíduo mau, razões e motivos para ser mau. Porém cada um tem o seu livre-arbítrio, como também deve-se considerar que o mundo é um eterno conflito de interesses.

Agora, se Deus castigasse todos, ele poderia assim estar sendo injusto com vários que se dedicaram para a virtude e para a bondade. Para esses, o castigo transformaria sua índole em algo superior aos desígnios divinos.

Sendo mais aceitável pelas religiões, o julgamento liquidaria de vez o espírito maligno.

Reflexão

O vale é sobrevoado apenas pela tradição sagrada de quem espera ao menos a sombra de felicidade. Castigar é traição para aquele que foi feito de tóxico e para aquele que foi feito do celeste. O tempo espera sobreviver sempre, mesmo que a morte liquide a utopia, ainda assim haveria o vale-tudo da esperança.

A noite possui varinha de condão para totalizar a última vaidade do amor, triunfando a primavera diante da saudade. Muitos ainda precisam derrotar a saudade de maneira que o amor seja tardio.

No islamismo, Deus descerá dos Céus algum dia para julgar todos de forma justa. Se isso realmente acontecer, novamente os pobres serão a maioria na condenação, pois são os que menos têm condições para praticar a virtude em sua totalidade. Por isso, o Ser divino terá que considerar de qualquer forma a pouca capacidade de riqueza dos pobres para fazer um julgamento justo, pois os mais pobres são sempre os mais suscetíveis aos descalabros, infernos e mazelas. Muitas vezes são obrigados a roubar, e nisso surge o desprendimento para matar. Muitas vezes o pensamento volta-se para o mal por não se ter condição alguma para realizar e praticar as próprias virtudes.

Por isso, se Deus não considerar a pobreza como fator de iniquidade, corre-se o risco de haver quase um julgamento parecido com o julgamento dos homens, pois dentro do âmbito dos maus sempre haverá um alto número de pobres. E, assim, o próprio nascimento valerá para uma conduta de ida para o inferno.

Reflexão

Até mesmo Deus deve possuir sua utopia para o mundo. Pois este não é tão belo para muitos. Torna-se valsa para a varinha de condão, e torna-se vale-tudo para o trabalho e para o tóxico. Às vezes, cada um precisa carregar dentro de si uma tirania para poder sobreviver. E depois, eis que chega a vanguarda dos Céus para castigar o único uivo do lobo.

Quando alguém se prepara para uma vida espiritual, logo quer contemplar as maravilhas de um mundo divino, que certamente chegará somente com a morte. Mas pode-se inclinar para a morte sendo algo vazio ou Deus pode perdoar todos. Por isso algumas escolhas precisam ser plenamente pensadas. Ninguém abdica dos prazeres mundanos se não houver recompensa para isso. Portanto, quer queira quer não, há prazeres dos quais é impossível abdicar, pois alguns prazeres são essenciais para a sobrevivência. O exemplo está em boas horas de sono, alimentação saudável, viver em ambientes limpos, não passar frio; tudo isso é necessário para a sobrevivência. Assim, alguns prazeres são necessários à vida. Conclui-se então que a vida só é suportável se houver prazeres. Precisa-se sempre de alimentação saudável para a manutenção da vida, e comer bem é um dos prazeres mundanos. Assim, quando se deseja viver, desejam-se prazeres. Se Deus espalha sobre nós prazeres, e esses prazeres fazem a manutenção da vida, logo os prazeres não podem ser condenáveis, pois sem eles encontra-se a morte.

Reflexão

Um singular ruído pode ser ruim para os ouvidos e tende a enlouquecer. Por isso provoca-se o sistema quadriculado das religiões. O sobreviver pode ser algo sobrenatural para os suicidas. Pois ainda não se sabe se a morte é uma valsa ou a vanguarda da tirania. O vaivém dos pensamentos tinge o último turno dos traidores.

A fé é transversal e a razão é transparência. Fugir de uma sombra como a morte é tentar trabalhar para o subjetivo diante de um sol quadrado. O sobreceleste do céu sempre estará sereno no segredo da matéria. Tentar desvendar esse segredo é como rotina do rumo, para onde contemplamos a quantidade de luz.

Os virtuosos existem para, infelizmente, anular o perdão de Deus para com todos. Os ímpios devem sempre temer os virtuosos, mesmo que essa tentativa seja uma falácia. Pois se todos fossem diretamente maus, Deus teria apenas duas opções: perdoar todos ou castigar todos. Mas como existem os virtuosos, e não são poucos, Deus fica com a incumbência de salvar uns e punir outros, pois os virtuosos dirão: rejeitei ser mau, pois me preparava para o último julgamento. Ou seja, o virtuoso abnegou de alguns prazeres terrenos para estar limpo diante do Último Julgamento, conforme os preceitos muçulmanos. Agora, se Deus perdoasse a todos, então os virtuosos sairiam perdendo. Mas a quimera da bondade que existe em todo virtuoso poderia também valer o perdão diante dos maus.

Acredita-se que seja impossível alguém ser ímpio no Céu, pois o mal maior não existe mais (o medo da morte), e a vida torna-se infinita. Por isso o amor torna-se mais bem aceito por todos.

No islamismo acredita-se que anjos do perdão visitam as almas do bem, e os anjos do castigo visitam as almas do mal. Fica evidente que, de acordo com a maioria das religiões, há somente uma vida para esclarecer os bons e os maus. Por isso, muitos no decorrer da vida se arrependem de tudo para buscar uma vida "santa". É a partir dessas ideias celestiais que surge um modo de viver que tende a estabelecer regras. Os maus não gostam de regras, mas elas existem para colocar ordem no caos. A existência de Deus é justificada pelo poder para colocar ordem e estabelecer harmonia.

Reflexão

O éter é respirado apenas pelo nascimento absoluto, a ordem de que o vazio somente existe se a lógica for espaço. Propor o branco para o ímpio, e propor o preto para o virtuoso, é o que a desordem estabelece para as partes em desmaio. É preciso confiar ou ter fé? Confiança é arma de princesa para o romantismo, e fé é uma antemanhã maciça.

Desmaiar diante do príncipe encantado é apenas para as moças cultivadas no amor. As outras são todas ofensivas. É pensando assim que o poder divino deixa de proteger para castigar. Logo, os crentes, diante dos olhos de Deus, precisam ser lindas princesas que desmaiam diante de seus príncipes.

O amor febril pode ser confundido com uma graça divina bem áspera. Pois amar requer ultrapassar todos os limites, requer ultrapassar todos os espaços de não absoluto. E somente os tolos fazem isso.

A alma a partir do budismo

A ideia de morte no mundo ocidental geralmente está vinculada à escuridão e à tristeza. No budismo essa ideia, ao contrário, surge como sendo algo maravilhoso, pois a morte é tida como mais um aspecto da vida. Não existe a possibilidade de temer a morte. No budismo a morte é vista como algo paralelo ao sono. Assim como o descanso noturno é necessário para um dia seguinte de satisfação, a morte representa um estado latente para que as energias sejam carregadas para o renascimento de uma vida nova.

Segundo o budismo, a vida é eterna. Ela não termina com a morte.

Na passagem da vida e da morte surgem vários budas para fazer a condução para essa nova vida. Esses budas surgem a partir do momento em que muitas pessoas estão orando para que essa passagem seja serena. É nesse momento que o indivíduo que morreu percebe o quanto colaborou na conquista da felicidade de muitas pessoas.

Muitas vezes, a pessoa que pretende fazer essa passagem se encontra com os mesmos sentimentos de quem ela deixou. Se os familiares estiverem angustiados, ela também vai estar.

Para os budistas a visão da eternidade da vida e do carma é muito mais racional e aceitável do que a ideia de um ser superior que controla o destino de cada um. De acordo com o budismo, todas as nossas ações passadas, acontecimentos de nossas vidas presentes e passadas, são causas para o que vivemos no presente. O sofrimento surge com as experiências ruins do passado. Ou seja, paga-se hoje pelo que foi feito ontem.

Se a vida cessa com a morte, ela recomeça numa vida nova a partir de onde parou na vida anterior. Por isso de nada adianta reclamar de algum sofrimento atual; de acordo com o budismo, resta apenas reagir para o alcance da felicidade.

Nessa religião oriental, a vida é resultado das ações que praticamos durante todas as existências. Mas a vida pode ser direcionada para um futuro de felicidade, e o alcance dessa felicidade vem com a prática da compaixão, ou seja, para atenuar o carma de vidas passadas, a melhor opção é ajudar. Somente ajudando aos outros consegue-se a realização da felicidade.

Reflexão

A compaixão pode ser um pátio no qual somente as crianças brincam, mas os adultos se envergonham de estar ali.

Se todos ajudassem, a nuvem traria mais água ao deserto e o sol aqueceria as noites frias.

Mas a língua e a consciência são como pêndulo absoluto. Nem sempre o pêndulo balança, e às vezes é chegada a hora do luto.

O budismo esclarece que o carma é formado por nossos pensamentos, nossas palavras e nossas ações, desta e de outras existências. Tudo que surge nessa vida são efeitos. Por exemplo, quando alguém se depara com uma doença, ele logo tenta reagir, pensando em combater a doença, mas a doença é um efeito, e os efeitos não podem ser combatidos.

Dentro do budismo, para se encontrar a felicidade exige-se desfazer de pensamentos negativos e errados, pois as insatisfações e as lamentações somente atrasam a revolução humana de cada um. O que mais importa no budismo é o coração, pois a sinceridade, o espírito de gratidão e a compaixão são essenciais para uma vida plena. Por isso deve-se buscar uma vida positiva de belos e bons pensamentos, tudo que seja positivo e otimista.

Cada pessoa possui os dez estados de vida, assim como o universo também possui esses dez estados. Por isso quando alguém falece, essa pessoa funde-se aos estados do universo, ainda condicionada ao momento da sua morte. Por exemplo, quando alguém morre no estado de inferno, logo ela funde-se ao estado de inferno do universo. Se a pessoa estava no estado de alegria, ela funde-se ao estado de alegria do universo.

Como todos buscam ter uma morte tranquila, para se obter uma morte serena para renascer de imediato precisa-se sempre direcionar os outros para o caminho da sabedoria e da felicidade. Todos que praticam esse movimento, certamente encontrarão a iluminação.

No budismo, vida e morte são uma unidade, não se separam. Tudo, a cada instante, está nascendo e morrendo. Assim, nem todo nascimento é desejado, como também nem toda morte é rejeitada. Dentro da imensidão do universo, todos os seres estão em movimento, logo qualquer personalidade pode se desfazer. O choque de diversas atitudes, personalidades e culturas rotacionam o "eu" íntimo. Há sempre uma mudança na personificação. Assim, o budismo nega o "eu" eterno, pois sempre haverá mudança no universo e no "eu" íntimo. Os seres nascem e morrem, abandonando a ideia do que foram. Buda dizia que o corpo morto é uma carroça quebrada, e com uma carroça quebrada não é possível trabalhar. Por isso todos deviam se desapegar da forma terrena. O que importa para o universo é somente a energia de bons sentimentos.

Reflexão

A vida é paralela aos abraços da morte, por isso a musicografia da vida é de mudança e piedade. Somente assim, existe a procura pelo perdão e pelo perpétuo. Todos precisam do infinito para obter a permissão da paisagem e do outono. Todos precisam de imaginação, pois paz de alma pode ser morte, se a morte fosse substância luzente. Então a vida precisa de flores, de revelações, de núpcias com a consciência. Maior do que a mediania, somente os absurdos. O máximo torna-se áspero quando o número é parada para a parte nítida do coração, aquela parte que você nunca usou, e somente lembra dela quando precisa de perdão.

No budismo, a palavra "morte" significa "o que vai nascer", pois o que morre no mundo material na verdade está nascendo no mundo espiritual. Depois de passar vários anos no mundo espiritual, o ser humano renasce no corpo físico.

Assim, durante sua vida no corpo terreno o ser humano vai acumulando (consciente ou inconscientemente) impurezas e máculas para o seu corpo espiritual. E somente quando volta ao mundo espiritual a pessoa começa a ser curada de suas impurezas e máculas. Somente quando o espírito está completamente purificado ele volta à vida terrena.

Na cultura budista, a vida não é necessariamente alegre, e nem a morte é necessariamente miserável. Somente os iluminados conseguem ver que o nascimento é uma extensão da vida, e que a morte é o começo de uma outra vida. Quando nascimento e morte são uma coisa somente, não existe nada para ser comemorado ou lamentado. Não se deve, dentro do budismo, ser obsessivo com relação à longevidade, nem tampouco temer a morte. A menção da morte frequentemente provoca várias ideias horripilantes nas pessoas. Aqueles que enxergam a morte com simplicidade conseguem uma iluminação interior. É esse o caminho que todos devem atravessar.

Os iluminados têm mais facilidade para suportar o carma, e se preparam de forma adequada para a travessia da morte. O nascimento e a morte devem ser encarados não como partes, e sim como um todo.

Quando ocorre a morte, segundo os preceitos budistas, a alma não consegue mais dirigir as ações do corpo. Ela assiste a tudo, percebendo tudo o que está à volta do corpo.

Nos sutras está escrito que a vida nesse mundo é incômoda e desajeitada. Quando se morre, pode-se livrar desse peso e transformar toda uma existência. Porém, quando estamos diante da morte, a maioria ainda tenta se apegar às sete emoções mundanas e aos seis desejos sensuais, pois não se consegue ainda se desprender de filhos, filhas, netos, pais e dos bens materiais. Porque ainda não se quer morrer ou não se consegue aceitar a morte. O budismo ensina que quando morremos nos libertamos desse corpo e nos sentimos extremamente livres. É como se um grande peso fosse retirado das costas.

Reflexão

A vida pode tornar-se pueril quando o matutino torna--se noturno. O que está escondido no coração parece perder a razão. Não existe mais motivo para se queixar das imaginações. Os ares do dia precisam de substância, precisam valer o dote da natureza. E quem não revela precisar da liberdade?

O absoluto na alma, as frases da mesmice superficial. Mais do que o amor, somente a antemanhã do espaço. Morrer é somente morrer. Alguns precisam de fé, outros precisam dos pés no chão, e mais outros precisam da sorte.

O espírito febril não ouvirá elogios sublimes, apenas a existência do espaço e o frêmito da geometria.

Pode-se pensar que talvez seja errônea a maneira como se lida com a morte. Ela é vista com tristeza e sofrimento. Essa ideia surge do fato daquela pessoa não mais existir, mas se a existência da continuação da vida após a morte fosse certa, logo a morte deixaria de ser vista com tristeza e sofrimento. E como então se explica o fato de que nossas lembranças ainda guardam aquela pessoa querida? As lembranças parecem trazer essa pessoa para o presente, como se fosse um anjo da guarda a nos visitar. As lembranças ainda consolidam a imagem dessa pessoa, portanto, ela não deixou de existir definitivamente, porque às vezes ela parece até opinar sobre o que se vive atualmente.

Somente seria morte se, definitivamente, a pessoa que morreu deixasse de existir. Mas a memória e as lembranças ainda resgatam suas ações, suas imagens, seus pensamentos. Somente seria morte se não houvesse mais nada daquilo que se foi. Se tudo realmente caísse em total esquecimento. Teria de haver um completo bloqueio, uma definitiva separação entre quem morreu e quem ainda está vivo.

Algumas partes do budismo regem que a morte é algo maravilhoso. Como o poder da lembrança é existente, então a morte pode ser mesmo uma passagem; as lembranças trazem um pouco de abrigo ao coração nos momentos de pesar. Lembrar daquela pessoa querida é parecido a um chamamento daquela alma, pois sendo a morte passagem, então parece haver um prosseguimento da vida. Mas uma vida com outras percepções.

Como no budismo a morte é vista como um paralelo com o sono, então pode-se afirmar que as sensações do sono podem ser as sensações da alma. Quando alguém sonha, ele somente tem as percepções de imagem e de som. Pode-se conversar em sonhos, como também pode-se avistar imagens.

Declaro que as percepções do sono são naturais, e, mesmo assim, são sobrenaturais. Naturais porque todos sonham, e sobrenaturais porque não existem explicações que determinam a relação dos sonhos com a vida. Dizem ser instantes em que a alma sai do corpo em busca de uma viagem, mas como algo pode ser natural e sobrenatural ao mesmo tempo? Quando avistamos uma árvore em vida há uma consciência da existência dessa árvore, e quando avistamos uma árvore em sonhos, não podemos afirmar o mesmo. Porém, fica claro a imagem da árvore, se ela não existe nesse mundo, ainda assim certamente ela existe, mas em outro plano. Existe, porque declaradamente foi percebida, e tudo que é percebido existe. Não se sabe em qual mundo, se no mundo dos sonhos, no Céu, no inferno, num outro plano, mas ela existe, pois foi percebida. Fica evidente que diversas vezes temos contato com um mundo invisível paralelo ao visível. Não se sabe se a ilusão é o mundo dos sonhos, ou se a ilusão é a realidade paralela, pois quando se morre, esse mundo (a realidade) está fora das percepções e dos contatos de quem morreu.

Há como indagar sobre a verdade. A verdade pode ser este mundo ou um outro mundo. Nos sonhos nada depende da lógica do mundo material.

Reflexão

Os sonhos podem se tornar lógicos pois todos entendem que existem, mas não se pode provar o que aconteceu em sonhos.

É como respirar sem ter nariz. Todos percebem como um nhe-nhe-nhem, mas o nascimento do obscuro sempre existirá. Faltando apenas a última mudança (a morte). Os sonhos estão perpendiculares à vida, por isso pedem permissão do perpétuo. Alguns precisam sonhar o absoluto em vida, já outros precisam da realidade para viver um sonho partido.

Não se precisa dos desmaios do inimigo, pois o sonho absoluto é príncipe no que se torna nulo ou verdadeiro. A vanguarda é toda feita de príncipes, príncipes que receberam o toque da varinha de condão. A tradição existe, mesmo que ninguém acredite. Pois é melhor acreditar no vale-tudo do que na valsa.

No budismo não há um deus específico, pois todos podem ser iluminados se praticarem as boas ações. Parece ser uma religião mais racional do que as outras, mas, mesmo assim, não perde o caráter de dividir as coisas entre o bem e o mal, devido ao uso de boas ações e compaixão para buscar o próprio brilho. Ter um ser superior a todos pode ser dispensável ou indispensável. Dispensável quando ele condena, e indispensável para colocar ordem no universo. Deus precisa da ordem, e de uma ordem sobrenatural para poder julgar os homens.

Para o budismo, todas nossas ações passadas são contabilizadas para o presente (carma). Talvez essa situação do carma não seja tão racional assim, pois a maioria nega inconsciente ou conscientemente o carma porque não há lembranças de outras vidas. Assim seja, você está pagando pelo que não fez, conscientemente.

Como a maioria das pessoas são boas, por que então a maioria nasce em condições de pobreza? Ou seja, não era para maioria da população nascer pobre, pois durante a história o bem predomina; há malfeitores, mas a maioria prefere buscar a felicidade por meio do aprendizado da fraternidade. No entanto, o que ocorre é sempre um maior número de crianças nascidas na extrema miséria. Por exemplo, hoje ao meu redor deve existir mais de uma centena de pessoas que estão predispostas a fazer o bem. Por isso, acredito que o bem predomina sempre. Mas, infelizmente, várias crianças nascidas hoje já estão predispostas a viver em plena dificuldade. Precisa-se negar o carma. Sendo assim, o carma passa a explicar tudo. Se alguém está feliz hoje, então logo se recorre ao carma carregado de vidas passadas. O carma não pode ser sempre mencionado para quando a tristeza é evocada.

O que se sabe de sua vida é o que você sempre soube de sua vida, pois quem é de grande fortaleza quase não sente os sofrimentos que a vida pode causar. O carma é algo fantasioso para aquele que possui grande fortaleza de espírito. A tristeza existe para você saber que o mais importante na vida é a felicidade.

Reflexão

Todos parecem ter vidros no turno do uivo. Mas deve-se tingir o que o vidro traz de tirania para o próprio coração. Se sendo vaidade, melhor seria do que ser humilhado. A vaidade pode ser vacina se tantos foram em busca de uma humildade que enterra a própria alma. Vale-se do pensamento temperado, da vontade do tempo de suspiros para a saída da saudade. Sendo assim, torna-se vulgar a vanguarda, pois o vice perde do campeão. Mas o vice tem o olhar de tigre e o peso do urso, como se fosse a totalidade do soldado numa ruína de guerra.

O vale precisa ser visitado para ao menos sentir como os ares do dia ficam mais presos na imaginação. Nenhum soldado precisa de ordens, pois já sabe que sua vida está em risco. Todos precisam do vaivém entre a vanguarda e o vândalo.

Esqueça o pensamento azedo e use sempre a precisão de uma louca razão, a mesma razão da tosse, a mesma razão da utopia, sendo na verdade a única razão do urgente.

Às vezes o budismo parece sacrificar os recém-nascidos, pois o carma parece ser predeterminante para qualquer um. Mas quem, por honra às estrelas, vai se julgar por um passado inexistente na memória? Recuperar o encanto da sorte, mesmo que a sorte esteja distante. Iluminar o próprio caminho também ilumina o caminho de quem está perto.

O carma do budismo é apenas fatalidade para o homem. Pensando assim, o homem já nasceu com a fatalidade de muitas culpas, pois raramente encontra-se a felicidade. A culpa passa a ser predeterminante em todas as suas escolhas. Se escolhe um caminho e começam a aparecer os primeiros erros, logo o carma de vidas passadas estabelece a jurisdição da culpa. O erro aconteceu por culpa. É facilmente compreendido que os erros são mais suscetíveis de acontecer. Coloca-se uma criança diante de uma tomada, ela será seduzida a tocá-la, e assim cometerá o erro e sentirá a dor de um choque elétrico. Portanto, o erro é o acontecimento primeiro para o acerto. Ninguém, ou nenhum adulto viveu pela vida experimentando somente a sorte. Se houve alguém que somente experimentou a sorte, essa pessoa adiante poderá se tornar um tolo, pois o erro ensina e desperta a coragem de cada um. Negar o carma é somente para espíritos corajosos e valentes.

Ocorre no budismo outra fatalidade do ser: o grande problema da compaixão. Quem pretende cuidar e proteger demais os outros corre o risco de quando precisar não ter a mesma atenção, pois o mundo, na maior parte, é feito de homens individualizados, que pouco se preocupam com os outros, pois precisam defender a si mesmos. O cuidar de si de Sócrates é uma das frases mais inteligentes da filosofia, e cada vez mais ela se torna importante. Pois aquele que ajuda demais tem que saber que está fazendo isso por prazer. Em nenhum momento pode pensar que precisará da ajuda dos outros, pois a voracidade dos que querem somente possuir é superiormente imensa.

Reflexão

O vento sopra para decantar o vilão dentro de cada um. O vilão usufrui do universal urgente, enquanto o vento de todos trabalha no teísmo da surpresa. Ser vice é como ser o pior de todos, pois ao invés de viver, ele sobrevive. O vilão sabe disso, por isso ataca o herói? Então deixaríamos de ser o que sempre fomos. Vender apenas o que é vendido, é assim que todo vilão se comporta. Vender apenas o que é vendido é como triunfar em toda primavera, é como ser unidade trocando o transpirar pelo tóxico.

Vender apenas o que é vendido. E há algo na Terra mais vendido do que o amor? O amor, quando ruim, mesmo assim consegue ser vendido. Permita-se estar sobreceleste, permita-se, ao menos uma vez, possuir o teísmo do vilão... Em terra onde todos são heróis, o único verdadeiro herói é o vilão.

A alma a partir do hinduísmo

A versão hindu de vida após a morte é centrada na ideia de reencarnação.

No hinduísmo, a alma se conecta com o mundo através de pensamentos, palavras, emoções e atitudes. Quando o corpo padece, nesse momento ocorre uma transmigração. A alma hinduísta passa para o corpo de outra pessoa ou para um animal. Enquanto não se atinge a libertação final (chamado de *moksha*) passa-se por várias mortes e renascimentos. Este ciclo de contínuas mortes é chamado de Roda de Samsara, onde se é liberto somente quando se atinge a iluminação.

Na religião, a alma pode viver em quatorze níveis planetários distintos dentro da existência material. Quando a alma se liberta, ela retorna ao seu verdadeiro lugar, onde vive eternamente (não há mais renascimentos ou mortes).

Os hindus possuem várias crenças distintas, mas todas estão baseadas na ideia de vida material que parte para um enorme ciclo de nascimentos, mortes e renascimentos.

O hinduísmo é uma das religiões mais antigas do planeta, surgida a partir das mais antigas crenças religiosas.

Existe um arremate para o fim das reencarnações: dependendo de uma vida voltada para o bem, essa pessoa pode cessar o ciclo.

Por ser uma crença antiga, e diferente das outras religiões, o hinduísmo não tem fundador, credo fixo e nem organização. Para todos os hindus, a suprema autoridade são os quatro Vedas (Rig-Veda, Sama-Veda, Yojur-Veda e Atharva-Veda)

Reflexão

Às vezes, modificar o vendaval da própria alma pode ser a vidraça que faltava ser quebrada. O vermelho é mais ódio dentro do azul sereno. Um pouco do ser oposto pode ser a completude ou o próprio escudo da alma. É como utopia vaga nas coisas valiosas, e unidade, e totalidade para o suspiro da tradição. Somente o sobrenatural pode ser mais forte do que o silêncio; ainda existe sobrecarga sobre a serenidade dos corpos. Rumar para o sincero é como querer ser singular no meio da ruína das constelações.

A rosa-rubra precisa ser senhora antes de ser a moça vaidosa, pois a sem-vergonha pode transformar-se na sem-razão. É o material do trabalho rompendo com a chance de riscar o metal da brisa. Brisa que muitas vezes torna-se vendaval que quebra o único silêncio que todos ouvem.

No hinduísmo, a alma nunca se modifica, é a essência intacta do ser. Somente quando encontra o verdadeiro guru, a alma consegue transcender acima das coisas terrenas. Os rituais hindus são formados de dois elementos principais: a meditação e a contemplação.

As escrituras hindus se dividem entre aquilo que é ouvido e aquilo que é lembrado. Foi dessa maneira que o hinduísmo nasceu sob o sinal da esperança de vida em resposta ao enigma da morte, constituído de uma evolução no tempo de vários mestres espirituais. Assim como no budismo, as ações (carma) são o que determinam o futuro. Para superar o ciclo indefinível de reencarnações é necessário entregar-se para o caminho de luz do bem e sempre garantir fuga à ideia plena da ignorância. A ignorância determina o fracasso espiritual.

Atualmente predomina na Índia a prática de uma terceira via, que propõe que o fiel dedique-se à bênção de Deus, e, mesmo assim, não espere a recompensa material; esse será agraciado, e não terá que reencarnar novamente.

É importante para o homem romper a superfície visível das coisas e olhar para dentro de si mesmo. No mais profundo de si, o homem encontra a origem, a razão primordial do ser, e assim sentirá que a alma (horizontalidade com o divino) e o espírito (verticalidade com o divino) é uma só coisa. A partir daí, o homem deve entender que a salvação e a redenção de cada um dependem da fiel entrega a um Deus pessoal.

Reflexão

Encontrar o superior é como sobrevoar todas as guerras de todos os tempos, é como matar o tirano maior. Significa ser sereno em dia de sol, e ser fogo em dia de frio. A vanguarda é o próprio vale-tudo da alma, ela precisa da varinha de condão, ela precisa ser a última do universo. Somente o semiescuro sabe que o universo é breve como o século, e ruidoso para os inimigos vestidos de Romeu. A alma deve ser sagrada para si como se fosse mais forte do que qualquer outra. O peso da alma vem com o vendaval, com o valioso, com a tradição, com o rumo sobrenatural.

> Venda todas as coisas, mas nunca venda o absoluto da própria alma, é ele que faz girar o infinito da psi.

O que faz o hinduísmo e outras religiões acreditarem na reencarnação? É o grande risco de tanto temer a morte. O fato de a vida estar encerrada com a morte é o que faz crer numa fantasia travestida do bem, pois somente o bem importa para o homem. Não se pode morrer de forma alguma. Entendendo então que o hinduísmo é uma das religiões mais antigas, entende-se logo que, desde sempre, o maior medo do homem é a morte. Às vezes, entendendo que a morte é desinteressante, pois ela parece encerrar tudo, pode haver mais contentamento no espírito. Por isso surgem as ideias de reencarnação.

Quando se teme alguma coisa, e depois se passa por esse sofrimento, na maioria das vezes entende-se que não foi tão ruim assim. A mente organiza de modo satisfatório nossas angústias e medos; quando se teme alguma coisa, nesse instante a mente começa a exagerar esse medo. Pelo simples fato de a morte ser o que mais é temido pelo ser, tende-se a exagerar esse medo. O medo da morte é supervalorizado. Quando se pensa no presente, esse medo tende a desaparecer. Por isso, todo homem trava uma guerra para esquecer do medo da morte. Se o pensamento sobre a morte for trocado por um pensamento de guerra, muitas vezes encontra-se o pote de ouro no fim do arco-íris. Os homens que vão para uma guerra sabem que talvez não voltem para casa, mas, mesmo assim, vão para o combate, esperando apenas a vitória, as honras e as glórias.

Se a alma realmente existe, ela age no mundo somente através das sensações, emoções, atitudes, sentimentos, sabedorias etc. Assim como na religião hindu, a existência da alma é provada através das nuances de interação com os outros. A matéria para a alma tem pouca importância, a não ser a sensação de possuir tal objeto, pois, possuindo-o, a alma pode se tornar mais arrogante, ou mais humilde, ou mais prudente, ou mais vaidosa; a matéria existe apenas para dar vazão às sensações da alma.

Se a alma fosse matéria, ela seria formada a partir da coragem, do medo, da covardia, da humildade, da soberba, do amor, do ódio, da prudência, da fortaleza, da fraqueza; enfim, de todas as sensações, emoções, virtudes e vícios que existem em cada um. A matéria da alma é subjetiva e reacionária diante de todos e de todas as coisas do mundo. Se houvesse um dna da alma, ele seria formado de mais amor e menos humildade pra uns, e de mais ódio e mais fortaleza pra outros. É como se quiséssemos reunir vários indicadores. Pode-se encontrar almas mais ou menos parecidas, mas exatamente iguais seria impossível, porque em alguns fatores sempre há alguma diferença: alguém é mais fraco enquanto o outro pode ser mais forte.

Reflexão

O verso branco seria a vontade de paz de alma, enquanto a utopia é a alma carregada de urgência. A unha quer agarrar o momento turvo de algum instante do coração, mas é somente a cabeça que aprende o momento subjetivo. O utensílio pode ser valioso, mas precisa ser útil, quando se tem uma varinha de condão, a melhor oportunidade é buscar o sagrado, pois quase sempre as pessoas são dominadas pelo sagrado. O vice é quase sagrado, o campeão é sagrado e o último lugar é profano. É assim que a alma observa o mundo. O vento sopra para aliviar alguns e para soterrar outros, por isso nessas horas é aguardado o sol quente do verão.

O vaivém das pessoas é a busca pelo sagrado, que é justo e honrado, pois todos possuem a utopia de si. Uma utopia urgente que quer ser totalidade, que precisa de textura da surpresa. Vale apenas o semelhante para a senhora fazer parte desses corpos.

No hinduísmo fala-se da transmigração da alma. Se houvesse essa transmigração, às vezes de nada valeria a experiência da velhice, pois alguns bebês seriam mais sábios do que alguns velhos. E o que se constata durante a vida é que a maioria dos jovens sabem menos do que a maioria dos velhos. Essa transmigração só poderia ocorrer se em todas as almas as experiências fossem apagadas para surgir em pleno branco na primeira infância. Se a transmigração ocorre, então ela ocorre dessa forma. Logo, não valeriam nada as experiências das vidas anteriores e, portanto, é mais fácil acreditar na alma quando ela possui apenas um único corpo. Porém, às vezes, da crença surge a sorte dos acontecimentos.

Conhecendo o outro, às vezes pode-se compartilhar de um pensamento único, e talvez seja esse o motivo de existirem almas mais próximas.

Na religião hindu, a alma passa por vários renascimentos até atingir a iluminação. Se esse fosse o propósito místico, então as experiências anteriores deveriam ser acumuladas, pois de nada vale renascer para acumular as mesmas experiências, afinal todos buscam fugir dos sofrimentos e alcançar os prazeres. Como é proposto, na morte haveria um lugar para a alma repensar suas vidas anteriores. Mas, se fosse assim, todos nós não seríamos nós mesmos, pois se há um lugar para se repensar as experiências de vidas anteriores, nesse momento seríamos outra pessoa. E a alma somente é válida a partir de suas experiências de vida, pois também é de experiências que a alma existe. A alma pode ser somente uma; se na morte ela choca-se com outras vidas, então ela choca-se com outras almas que não lhe pertencem. A alma é somente uma.

Reflexão

O tilintar do sobrevoo é importante apenas pela solidez, pois o sobrenatural vive da sorte e do revés, esse é o ritmo do sistema, quando se cai, o rotativo torna-se saudade, e quando se sobe, apenas sente-se o teor do significado. É como a sidra das vitórias e a lama das derrotas, mas o urso prefere caçar, quando prefere-se somente caçar, esquece-se das vitórias e das derrotas, pois as vitórias tornaram-se rotina. Mais próximo do rompimento do risco, mais quente do rodapé do sol. O sol queima, mas ele não sabe que queima, porque queimar para ele não é traição, é razão de existência. Por isso deve-se queimar a todo instante da vida.

A religião hindu parte do pressuposto de que a vida material segue ao longo do tempo através de inúmeros renascimentos. Como toda religião que busca aliviar a concupiscência da mente das pessoas, deixar de supervalorizar a matéria é um grande achado para uma vida mais espiritual. Às vezes, inúmeras pessoas tornam-se fracas pela guerra em busca do material. É a plena guerra existente dentro de cada nação, ainda mais quando se percebe o destaque e a vitória do capitalismo na maioria das regiões do planeta.

Há certas pessoas que conseguem fazer brotar dinheiro de tudo. Ganham dinheiro, não pela sobrevivência, mas pelo simples fato de querer ostentar, dizendo que ganham dinheiro fácil. Logo, o capital é mais evidente num número menor de indivíduos. Já há outros que, com bastante esforço, ganham quase nada, surgindo assim uma maioria que não ganha nada. Essa é a grande distorção da vida que todos conhecem. Mas se todos que possuem essa facilidade de ganhar dinheiro se dispusessem, através da religião, a ganhar dinheiro para os milhões de excluídos, a paz poderia reinar melhor neste mundo. Porém, são raríssimos os casos assim, pois muitos preferem colocar a religião num segundo plano e enfatizar a guerra pelo capital. A balança de vez em quando precisa pesar para a espiritualidade, senão seremos apenas porcos. A convivência espiritual tem a mesma validade da riqueza, sem ela também não se consegue sobreviver.

Será assim a função de cada um, buscar por uma vida inteira ser um mero porco?

Por que a maioria é cega no material? Porque percebemos apenas o material, pois o material é mais fácil de sentir, é ele que garante a maioria dos prazeres. Mas o que o hindu e a maioria das religiões querem dizer? É que a espiritualidade é a porta para uma divindade que percebe tudo e todos. A religião serve para frear o ímpeto de prazeres das pessoas, pois quando todos pensam somente nos prazeres materiais, de alguma forma a espiritualidade com Deus vai morrendo. Talvez ao se encontrar o equilíbrio entre material e espiritualidade, os dois com o mesmo peso, a vida consiga ser mais aproveitada, pois uma vida material forte e uma vida espiritual fraca trazem consequências penosas para o espírito; a principal delas é a culpa.

É racional pensar que não somos porcos e que estes, sim, podem viver apenas pelo prazer. Porém, às vezes, somos menos sentimentais que os porcos (há na mamãe porco o instinto de maternidade), que para algumas mulheres contemporâneas, o filho é apenas um fardo a ser carregado. Por isso, às vezes, somos bem piores que os porcos. Ter a espiritualidade livre é como estar em paz com todos.

Reflexão

Quando você vende sua alma apenas para o capital, de alguma forma você está querendo ser um deus. E assim, conseguirá apenas ser um vice-deus, pois a grande maioria não consegue saber a diferença entre o capital e a bondade. O capital é vendaval de ilusões, aquele que o obtém através da posse, pode morrer nas mãos do subjetivo.

O capital é sétuplo do prazer em demasia. Vale mais questionar o capital do que torná-lo sagrado. O capital não pode ser a vanguarda de tudo que se quer na vida. Se uma varinha de condão pairasse sobre você, o que você pediria? Riqueza ou felicidade? Para muitos essa é uma escolha terrível, pois a maioria acredita que a felicidade vem acompanhada da riqueza.

Por isso a vaidade estremece a totalidade. Por isso a utopia foi enterrada pela tradição. A escolha do vendido é fazer ti-ti-ti da própria tirania.

Para o hindu, uma vida de bem absoluto encerra a morte e as reencarnações. Mas o bem absoluto é para muitas pessoas quase inalcançável. Destaca-se o valor do bem, e dá-se o mesmo valor ao ato de garantir o bem do outro. Sendo assim, para o bem absoluto, a pessoa tem que abdicar de todas suas vaidades. Abdicando das vaidades pode-se precisar dos outros. Portanto, se você tem apenas o que todos têm, e que precisa para sobreviver, e possui uma vida espiritual fortuita, então você não tem vaidades, porque você tem o que todos têm. Agora, se você possui uma vaidade material, logo você não consegue assimilar o valor do bem, o bem pra você são todos os materiais que possui (concupiscência). Lembre-se de que os pobres clamam mais pela existência de Deus do que os ricos. E toda religião condena o enriquecimento da matéria (concupiscência).

Viver apenas pelo bem é mais fácil do que parece. Basta deitar o pensamento diante dos pobres e elevá-lo diante dos ricos (ricos são aqueles que possuem coisas que pouquíssimas pessoas possuem).

As religiões nasceram sempre com a fertilidade do enigma da morte. Como o homem não consegue explicar a morte, nasce a existência de Deus. É por isso que deveríamos ser diferentes dos porcos! E muitos buscam se diferenciar dos porcos. Deve-se, primeiro, pensar não como pensam os porcos (o prazer é tudo). Aquele que coloca o prazer como sendo tudo, não teme a morte, e nem o que virá depois dela. Seja claro para todos que a morte é um enigma. Nunca se deve renegar a espiritualidade, pois no mundo invisível da grande maioria, ela é contemplada e reivindicada. Muitos vivem uma vida inteira reivindicando a presença de Deus (espíritos temperantes), já outros vivem apenas pelo prazer, os porcos e estes são quase um só pensamento.

Lembre-se que a prudência é uma virtude.

Reflexão

A solidez do silêncio tem ritmo de quantidade. Como a boca e o sopro, o vento é o propósito da unidade do deserto. Sopram o vento apenas quando a sombra está em ruínas de culpa. Quem luta num vale solitário tem duas bênçãos: a primeira bênção é ter um protetor, a segunda bênção é a espada cortante. Cortar os sonhos é como deixar a princesa da lógica perdida no pré-romantismo. O partido do nascimento que não cessa diante do infinito, pois o nascimento pode ser maior do que o infinito, basta apenas musicografar a imaginação com paz de alma e com a guerra do princípio.

A alma a partir do umbandismo

O que ocorre depois da morte no umbandismo é apenas a morte carnal, pois, verdadeiramente, não se morre, apenas muda-se do plano material para o plano espiritual. No umbandismo, o ser continua sendo o que era antes, com seus mesmos defeitos e virtudes. Nisso os espíritos são conduzidos pela dimensão espiritual e para um nível condizente com sua vibração mental. Cada um estará no seu lugar de merecimento de acordo com suas ações terrenas.

Alguns espíritos sofrem ainda de fome, sede, dores, sono e privação de vícios (fumo, bebida, drogas e sexo), pois sem o corpo físico, eles não absorvem mais o prana (energias). São tidos como espíritos de baixa evolução.

No candomblé, todos os espíritos desencarnados são denominados Eguns, inclusive os guias espirituais (pois um dia já estiveram encarnados). Esses guias são como trabalhadores espirituais que ajudam de diversas maneiras a elevar outros espíritos para vibrações mais refinadas.

Não existe uma ideia clara do Céu ou inferno, nem de uma punição eterna. Almas devem apenas cumprir suas missões na Terra, caso contrário, vagarão eternamente entre o Céu e a Terra até se realizarem plenamente como seres conscientes e eternos.

Os cultos afro-brasileiros acreditam que os enigmas da vida e da morte fazem parte de uma lei maior que rege todo o universo. No candomblé o poder de Deus está em todas as coisas, principalmente na natureza. Quando a pessoa morre, ela parte para o mundo espiritual, acompanhada de vários outros espíritos. Na Terra o objetivo do homem é completar o seu destino de modo eficiente. Depois que cumpre o destino, esse ser já está pronto para a morte. Depois da morte, o espírito será encaminhado ao Orun (dimensão reservada aos seres eternos).

No candomblé, o ser humano pode ser divinizado e cultuado.

Já a umbanda é influenciada pelas crenças cristãs, espíritas e de cultos afros e orientais. Como não existe uma escrita sagrada entre os umbandistas, alguns admitem o Céu e o inferno da religião cristã, e outros pregam a reencarnação e o carma.

A umbanda explica o universo através de sete linhas, todas regidas por Orixás. Ao morrer, a pessoa será atraída pelos mundos espirituais, pois a evolução dos espíritos se dá através da matéria, somente encarnado é que o espírito consegue evoluir. A morte é apenas uma etapa para o processo de evolução e consagração. Após a morte, o espírito leva consigo suas dores, emoções, alegrias, fé, crenças e mágoas.

Depois da morte alguns espíritos podem se tornar protetores, enquanto outros, pouco evoluídos, podem se tornar perturbadores.

Reflexão

Para aqueles que buscam apenas a felicidade, basta apenas se mover através de uma bondade sólida dentro da alma. Deixar que o peixe ameno continue vivo, ora no mar, ora nas nuvens. É importante saber que o produto da penumbra pode ser visto por si próprio. Nós mesmos sabemos quando estamos errados e quando estamos certos. Entre núpcias, a verdade assume a narrativa ofensiva, é por meio dela que se supõe poder marchar adiante. Quem marcha adiante está sempre certo. São recados de espiritualidade nítida e sem possibilidades do machado cair em luto pela consciência.

O rodapé apresenta o ritmo dos vencidos, aqueles que perderam o machado, sem nunca terem usado antes o martelo. Quem tem o martelo na utopia, julga em urgência para si próprio. Como união da terra com as nuvens.

Na maioria das religiões (como também no umbandismo) há o plano material e o plano espiritual. Acredita-se que o espírito deve ser carregado de bons pensamentos para que seja agraciado no futuro do destino. Se o plano espiritual não existir, então a vida é uma enorme falácia. As razões da existência de um plano espiritual é o que eleva o pensamento para nuances de esperança. Se não houver esperança, o mal é muito maior e mais forte. A maioria das pessoas não acredita que o mal seja mais forte do que o bem, mas se houver a ocorrência do nada, ou seja, nem o bem nem o mal, daremos assim a vitória para o mal, pois o nada representa forças do mal. É que a esperança é um sonho vivo em todos aqueles que buscam a felicidade, mas sendo o nada uma representação do fim, a esperança deixará de existir.

Porém, há uma força que consegue deslocar o mal, representada pela razão, o bem pode adquirir aspectos de terminação da morte. A razão é espada de justiça. Todas as coisas e seres do planeta possuem uma razão de existência. A razão é permanente, sem dúvidas e sem arrependimentos. Tudo tem sua razão de existir! A morte somente abraça quando a razão deixa de permanecer sólida. O que se precisa então é transcender a qualidade da razão, observar quando a razão tem existência para gerir um plano espiritual, pois ela é vanguarda em todas as artes e juízos.

Há a razão num plano espiritual? Se houver a razão, então pode-se acreditar no plano espiritual, pois a razão dá valor de existência a todas as coisas, e ela serve como juízo perfeito para equilibrar os bons e os maus.

Muitas vezes, intui-se coisas que ganham razão com o tempo. Quando você intui que alguém será curado de uma doença terrível, e isso realmente acontece, esse é o momento em que a intuição ganha corpo com a razão. Alguns chamam isso de sorte. Mesmo se for sorte, obedece-se à premissa de que a sorte é benéfica. Se intuímos que existe vida após a morte, podemos então declarar apenas uma esperança. Mas nem sempre a intuição ganha corpo com a razão, chamamos isso de azar. Porém, não se pode desconsiderar a existência racional da sorte. A sorte existe, e é desejada por todos. Sendo desejada por todos, sendo invisivelmente existente, então esse bem realmente tem cinquenta por cento de chances de existir (a vida após a morte).

Sim, a vida após a morte tem cinquenta por cento de chances de existir, considerando a sorte como um bem existente. A partir de várias religiões, a intuição é a crença naquilo de que não temos certeza. Mas a sorte torna-se bandeira dessa crença, e sabe-se que a sorte existe, podendo até ser um bem muito valorizado por todos, pois ninguém deseja o azar pra si.

Reflexão

A sorte é a senhora magnífica que derruba preconceitos e raciocínios. A sorte é tendência dos mais fracos, e iluminada pelo teísmo. A sorte é sem-razão, por isso encanta na quantidade, na rocha e nas proximidades. Quem acredita no significado da semana em semibranco? Todos aqueles que possuem o tigre no semblante. É preciso muito mais do que triunfo, é preciso temperar a tardança para que o corpo não tenha o teor do revés.

A propriedade da rocha robusta é ser apenas sobrecarga para o silêncio. Tudo pode ser semelhante à sorte, tudo pode ser segredo de semiótica, basta inclinar o sagrado diante do sopro do sobreceleste. Quem transpira com as flores da primavera consegue enxergar a luz das imaginações. É preciso utopia de última totalidade. É preciso ser mais quente do que a saudade do valioso. A sorte é o abraço mais sublime que a vida proporciona.

Os ateus que não acreditam em nada, nem em Deus, e muito menos na vida após a morte, e se esquecem plenamente do valor incontestável da sorte. Sim, a sorte existe (quando a intuição abraça a razão).

Na umbanda, todo espírito terá seu lugar de merecimento condizente com sua vibração mental. Sendo assim, até a vida após a morte torna-se uma conquista. Nota-se que a vida é uma guerra para encontrar um lugar ao sol depois da morte. Se no plano espiritual houver os estágios de merecimento, isso nada mais é do que o ser humano compreendendo a ilusão do pós-morte da mesma forma que compreende a sua vida. Sendo assim, continuaria a existir exploradores e explorados, já que há estágios de melhor merecimento do que outros. Pode-se então também pensar na possibilidade de incompreensão do plano espiritual, já que a força maior da razão está com Deus, portanto deve-se limitar a base da compreensão do homem diante de realidades divinas.

Reflexão

O partido daqueles que querem a paz deve-se elevar diante da memória da guerra. Há mais mazelas em homens do que se pode imaginar. Sabe-se isso através das nuances de absurdos, dos meandros do milagre. Quem acredita em si mesmo, esquece as possibilidades do vazio do outro. A menta refresca apenas o que é perpétuo de coração seco. E é nesse coração seco que surgem as mudanças, o seco torna-se úmido e o úmido torna-se seco.

Aquele pensamento superficial e artificial vale apenas para os medianos da passagem. Mais vale amanhecer com o número da imaginação do que amanhecer com o número do objeto sublime.

A alma pode existir de várias maneiras (um vulto, uma alucinação), mas podemos tentar entender o que seja a alma. A maioria possui seus cinco sentidos: paladar, olfato, visão, audição e tato. Talvez a alma tenha apenas os sentidos aguçados, mas não possui mais o corpo. Essa pode ser uma das mais variadas expectativas do que seja a alma: ela consegue ver mas não consegue ser vista, consegue cheirar mas não pode ser cheirada, consegue sentir gosto mas não pode ser apreciada, pode escutar mas não pode ser escutada, consegue tatear mas não pode ser tocada. Talvez estejam todas ao nosso redor. Podemos presumir pelo fato da existência da sorte.

É como se alma fosse um vazio material, que não possui dimensão nem peso no espaço, mas que consegue compreender todas as coisas, de todas matérias. Quando alguém diz que fulano é vazio, compreende-se que ele seja uma pessoa de más considerações, pois o vazio anula o que é bem-visto e bem tido. Como o vazio é um espaço malfeitor, concluímos que ninguém nunca esteve nele, pois é vazio, e o vazio não pode ser tocado por ninguém.

A compreensão do mundo pela alma talvez seja a única certeza que se pode levar para a morte, isso se houver a vida após a morte. Considerando que o corpo perece, a matéria parece não ter importância para as relações sociais. O efeito que o mundo apresenta para cada indivíduo é a sua permanente ideia acerca do mundo, por isso muitos fazem a oração, guardando seu momento à parte de todos.

Depois de repensar cada religião, pode-se compreender que a alma precisa participar do universo, ela precisa aprender, passar por várias situações (boas ou más). A experiência de vida pode ser o que há de mais importante para se levar da vida.

Também deve-se considerar que religião é algo bastante importante para o desenvolvimento do espírito, não somente enxergar os objetos daqui, mas conseguir olhar adiante para a respeitabilidade de Deus. Ele pode existir ou não, mas é sempre melhor acreditar na sua existência, pois somos seres frágeis e dependentes de uma força maior que traga sempre esperança, pois um dia tudo pode acabar, tudo pode ser pior do que antes; portanto, acreditar em um Ser que traga confiança e esperança é sempre melhor do que não acreditar em nada. Ao não se acreditar em nada, tudo morre, tudo acaba, o mal vence, e esperança é sempre melhor do que uma derrota definitiva. Isso sem falar da existência da sorte. O azar e a sorte sabe-se que existem, por isso a maioria prefere acreditar em Deus, pois é dele que lembramos quando encontramos a sorte.

Reflexão

A imaginação pode ser artificial, mas pode ser letal para aquele que se considera protótipo das partes do bem. Nem todos são como a lógica do absoluto, nem todos navegam num horizonte azul. Por isso a nuvem é nítida somente quando o abraço é ato de perdão. O partido daqueles que precisam de parabéns para poder nascer entre o ofensivo e o defensivo, entre a espada e o escudo, somente assim o alívio torna-se esperança passada.

Parte 3

Utopia

O homem precisa do paraíso de qualquer forma, tanto que alguns buscam o paraíso através de más ações. Há uma certa urgência para o paraíso. O homem precisa da perfeição, precisa gozar a vida, precisa e quer viver somente de prazeres. Mas na infinita sabedoria de alguns povos, esse paraíso somente virá depois da morte. Porém a vida, para a grande maioria, é uma constante busca do paraíso (querer viver sempre melhor).

A invenção da arte prova a eterna procura do indivíduo pela perfeição do eterno. Os homens transformam sua arte para o eterno e o sublime e, mesmo assim, torna-se absoluta a procura por algo mais eterno e sublime. O descanso da arte é procurar mais perfeição, para que a vida seja algo eterno. Parece que queremos fabricar uma espécie de paraíso em nós mesmos e a arte consegue dar o conselho lúdico desse paraíso, porque é dirigida para um bem-estar. A arte parece fazer ligação com esse elo da utopia, parece beliscar nossos futuros fabulosos. Se não houvesse a arte, talvez não existisse em nós uma vontade de potência para almejar o paraíso escondido por Deus. Se o paraíso somente pode ser visto depois da morte, somente depois da maior dor pode-se almejar o maior prazer. Por isso a arte não aceita essa interrupção divina, o paraíso deve descer do Céu agora, para que a felicidade possa ser tocada. O objetivo da arte é desvendar todos os segredos e mistérios do universo (utopia). Parece ser impossível, porém pode ser possível, pois a vida terrena do homem é plenamente satisfeita no ato de descobrir. Esse ato nunca cessa dentro da especificidade do homem (ciência).

Todas as civilizações antigas também buscaram essa utopia (perfeição). Ou seja, perfeição na descoberta de uma habilidade para todos gozarem de felicidade. Muitos diriam que a felicidade somente é encontrada dentro de si, mas não falamos de uma satisfação individual, estamos falando de uma satisfação plena de todos. Pode-se dizer que isso é impossível, mas é por isso que existe a história das sociedades. Se alguém está trabalhando na lavoura neste momento, ele inconscientemente está buscando essa perfeição, está atuando de uma maneira simbólica para acabar com a fome. E todos precisam da riqueza, todos precisam do trabalho. Precisa-se, portanto, querer ao menos avistar um ponto dessa distante utopia. As dores do mundo são imperfeições que poucos toleram. Qual o fator mítico da utopia? É todos dizerem ser impossível? Enquanto todos dizem ser impossível, o homem e a natureza deixam de ser perfeitos. Logo, se a utopia é impossível, então não há mais lógica no tempo, muito menos no futuro, pois o futuro sempre é imaginado por todos como algo fabuloso. Então, enquanto houver futuro, haverá a utopia. E quem diz que é impossível, então deve preferir o mal e o azar como fatores míticos do seu futuro, pois sabe-se que todos sonham com a boa vida, é um sonho que sempre perdurará na sociedade. Logo, se todos hoje querem a boa vida e a sorte, então todos querem a utopia.

Todos possuem a utopia da própria vida no futuro. É esse futuro que nunca descansa que precisa ser dimensionado, pois ele é apenas uma utopia e por isso o verdadeiro "eu" precisa da inquietação do presente. Alguns conseguem agarrar o futuro, logo seriam visionários, por isso o presente deve ser carregado de futuro. Assim, o presente parece ser uma fatalidade de sofrimentos.

Por isso o futuro somente pode ser dimensionado através de dois fatores: futuro carregado de presente e o futuro esquecido no presente. Se no futuro eu quero ter um belo jardim, logo no presente preciso plantar as flores, isso é um exemplo de um futuro carregado de presente. Agora, se no futuro quero ter um belo jardim, e esqueço isso para fazer algo que não seja parte do cultivo do jardim, então isso pode-se dizer que é o futuro esquecido no presente. Logo, para que o futuro seja carregado de presente é preciso conhecer primeiro a si mesmo. O jardim somente torna-se utopia se não houver trabalho. Portanto, o trabalho é a base do futuro, o trabalho de hoje será o que era utopia no passado .

Todo trabalho torna-se verdade com o tempo, toda esperança somente é alcançada com trabalho e todos sonham com a boa vida, mas somente a riqueza é alcançada com o trabalho. A única verdade que consegue derrubar as paixões é o trabalho, nele não existe a possibilidade de algum erro para o futuro.

Talvez essa seja a grande busca do homem, o encontro com a utopia, a realização dos sonhos, o motivo maior para dar sentido à própria existência. E todos aqueles que tentam dar um sentido para a humanidade sem o uso da política logo fracassam. A política deve ser parte permanente das disputas para se fazer o bem ao próximo e a si mesmo. Aqueles que se distanciam da política estão se distanciando do bem comum, pois a totalidade (Deus) somente pode ser revisitada para o bem comum através da política. Aquele que não é politizado quase sempre vive nas profundezas diante daquele que é politizado. É na política que se chocam as diferenças, os credos, as religiões e os ideais. Não se consegue almejar a utopia sem o uso da política, pois é nela que as diferenças conseguem encontrar o todo.

Reflexão

A política não pode ser o espaço em branco de todo pensamento. A lógica do penar se faz presente somente naquele que foge da nuvem. É como desmaiar na mesmice sem número. Mostrar a língua sem haver alívio na consciência.

Deve-se aspirar tanto o vice como o primeiro lugar, pois o verso é vendido tanto para o pobre como para o rico.

Na política há o rei tirano e o tirano rei, ou seja, rei para muitos e tirano para poucos, e o tirano para muitos e rei para poucos. É desse vento que todos ainda precisam, somente do ruído do rumo sagrado.

O homem precisou que os Céus descessem para a terra, o que é bastante evidenciado nas políticas antigas e modernas. A política é base para que a utopia seja verdadeira, por isso fazem-se presentes as regras. No entanto, sempre há os que quebram a regra, e é nesse momento que a utopia deixa de existir. Em quase toda sociedade é proibido matar; se isso fosse o princípio de todos não haveria de modo algum o assassinato. Logo, seria uma primeira vitória para que os Céus descessem à Terra. Porém, a realidade se mostra contrária à verdade dessa regra, pois sempre há aqueles que matam, muitas vezes por motivo torpe. Voltamos logo para a fraqueza do Estado cívico, ainda que a sociedade nunca se canse de tentar consertar essa fragilidade. Alguns dizem: "Para isso acontecer é preciso educação!", mas até mesmo uma educação rica pode sofrer desse mal, e assim conclui-se que sempre haverá assassinos. Porém, há o desejo de se diminuir o número de assassinatos, portanto, queremos chegar perto dos Céus o máximo possível. A ideia da utopia nunca cessa dentro da vontade da maioria, a perseguição do bem maior é o que impulsiona todos para a vida. Outros dizem: "Para isso existe a justiça!". Agora, em que a justiça está enraizada? No olho por olho, dente por dente, ou na restrição da liberdade? Qual seria a justiça verdadeira? No olho por olho, dente por dente, não existe a lógica do perdão, pois o perdão é necessário, quem sabe perdoar mostra-se mais virtuoso do que o vingador. Assim, somente a restrição da liberdade parece não ser a verdadeira justiça, pois mata-se e depois restringe-se a liberdade por meros cinco anos. Quem perdeu um parente querido parece não sentir os efeitos da justiça.

No Brasil, a justiça brasileira parece ser feita por humanistas fervorosos. Ela parece perdoar demais, esgotando a real possibilidade de justiça, e assim, às vezes, um assassino fica em liberdade. Deve-se entender que a justiça precisa sempre assumir conceitos dos ideais da maioria. Uma ideia que fala de perdão eterno pode não ser a mesma ideia de uma vítima. Como a justiça brasileira julga sempre com a enorme vontade de perdão, o país, em pouco tempo, torna-se palco de um vale-tudo. Roubar não é nada. Matar também não é nada. Em pouco tempo, qualquer crime não será nada. Desse modo, quem tem mais, pode mais.

Deve-se, por meio de leis, abdicar desse enorme perdão. O brasileiro, até aquele que se diz ateu, está enormemente mergulhado nos preceitos de humildade e de perdão das raízes do cristianismo no Brasil. Porém, até no catolicismo há um momento em que não há mais o perdão, o purgatório.

O Estado tem que domar essa cultura de humildade e de perdão, pois é disso que surge a impunidade. Depois do crime, basta tornar-se humilde que o perdão será alcançado. É essa a fraqueza do espírito da justiça brasileira. Para isso, existe o meio-termo entre o olho por olho, dente por dente, e a restrição da liberdade. Quem deve demonstrar amor é somente a fraqueza desse criminoso, e não o Estado, pois esse sempre deve ser considerado o regulador dos atos cívicos. O Estado Nacional é tão frágil que os ricos pouco cumprem seus deveres, logo os pobres sonham em fazer o mesmo, porque os pobres sempre tentam imitar as fábulas dos ricos.

Muitos reclamam que o Estado é fascista, mas todo e qualquer governo sempre estará à direita da sociedade, pois o Estado nunca deixa de ser o grande regulador. A sociedade reivindica, porém o Estado nunca conseguirá satisfazer a todos, por isso todo cidadão deve participar dos anseios políticos, pois os que reivindicam hoje poderão ser o governo de amanhã. Mas o que acontece, no caso do Brasil, quando o poder está rodeado de milhares de marimbondos, capazes de tudo para sugar o que a máquina tem de melhor (fazer dinheiro)? Surge a enorme insatisfação com a política, aqueles mais sérios desistem de atuar, e o Estado fica à mercê do controle de verdadeiras bestas. As bestas fazem de tudo para consumir a maior quantidade de prazer possível. Nesse caso, a ideia da utopia torna-se distante, porque, cada vez mais, as bestas vão tomando conta do poder. Sempre há bestas no poder, mas quando a política afasta a boa moral dos seus interiores, o jogo de quem ganha mais torna-se uma verdade imutável dentro do Estado e acaba sugerindo ao detentor da boa moral que a boa moral não faz parte do jogo político.

Ganha mais quem pode mais, isso acaba transferindo para a própria sociedade que a verdadeira moral é o massacre que o poder exerce. Logo, a classe média e os pobres acabam assumindo essas ideias como verdadeiras, como se houvesse uma cruz de cabeça pra baixo. Em pouco tempo, tudo torna-se perdido, até as futuras gerações, pois a cada novo recém-nascido a ideia da individualidade próspera o aguarda.

Reflexão

A besta somente pode mais através do silêncio. Os que calam, esperam que a besta os devore. E não há vacina para a besta, ela se contenta com o vice, com o terceiro lugar, com o quarto lugar, desde que seja sempre da vontade do povo. A besta vende de tudo, até o respirar ela quer comercializar, não há verso que supere a besta. Ela voa com o vendaval, voa com o vento. Se para ganhar mais ela precisa ser boazinha, então ela se torna boazinha. Qual vende mais, o azul ou o vermelho? Ela escolhe as duas cores. Tudo tem valor para a besta, principalmente a alma. Usufrui daquilo que é de todos, como todos nunca reclamam o que é seu, então é dela. A besta tem as mãos limpas e os sonhos sujos.

A besta é o próprio título dos vitoriosos de sinceridade sem sombra. O sol quadrado do pensamento é soberano diante da liberdade de estrelas. A ruína não tem rumo, pois os bons tornam-se sagrados quando calados. Ruim apenas a quantidade de menos um.

A verdade nunca é santa entre os poderosos, pois o poder quer ser vilão para alguns e herói para outros. Quando a espada acerta o próprio peito é melhor mentir para manter-se vivo. Deixar de acreditar nas palavras é o primeiro passo para a escolha da política a se fazer.

Na política nunca se deve acreditar em alguém, somente naqueles que estão do seu lado. Todo discurso está predeterminado a roubar os ideais dos outros. Quando um político discursa para uma multidão deve-se atentar para sua tentativa de convencer a todos. Não seja convencido por um discurso de alguém, pois ele foi feito para descer na mente da população, como se fosse a voz de Deus. Todo discurso é feito para atender aos anseios da maioria e é pura teoria para dominar as vontades dos mais fracos. Não acredite em discursos quando são a mera vontade de manipulação dos grandes falantes. A população sempre adorou os grandes falantes. Muitas vezes na guerra um soldado mata dezenas de inimigos e quem leva o prestígio de ter vencido a guerra é o oficial, pois ele é o grande falante.

O grande falante tem a mania de considerar a todos grandes amigos íntimos, ele se serve do pensamento do discurso e do sorriso do povo para ser considerado o príncipe de todos. Todo grande falante tem a vontade de supremacia, quer ser adorado pelo povo. Considera-se sempre o messias que eleva a alegria do povo.

Por fim, nunca acreditar em discursos é um bem, pois o pensamento de quem discursa eleva-se ao pensamento de Deus. Considere uma terra distante em que todos os seus moradores vivam felizes, mas num dado instante, eleva-se diante desses moradores o grande falante, ele discursa para todos, inventando novas fórmulas para o bem-estar da população. Logo, o pensamento dele eleva-se ao de Deus, pois ele é o primeiro a falar com todos. E todos o ouvem. O que seria antes a expectativa de receber os discursos de Deus, agora é a recepção dos discursos do grande falante.

Aquele que sempre discursa para uma maior quantidade de gente está próximo de ser considerado um interlocutor de Deus. Como isso parece ser improvável, duvidar dos grandes falantes é um bem que determina os próprios ideais como verdadeiros. Aquele que acredita nos grandes falantes, quase sempre perdeu seus próprios ideais para ser conduzido (povo marcado, povo feliz).

Os grandes falantes aparecem porque o povo nunca quer assumir a própria responsabilidade de seus pensamentos, sempre necessitando da verdade dos grandes falantes (entre eles os maiores ditadores da história). Para o povo é sempre bem-vinda a verdade dos outros; o povo sempre perdeu, mas sempre admirou as vitórias dos outros. O povo gosta é de vitória, pois está cansado da própria derrota interminável. E o grande falante sempre aparece falando de vitória para o povo, basta ver as inúmeras igrejas protestantes que arrebanham gente, falando sempre de vitória. O povo gosta de responsabilizar outros para que ele vença, nunca consegue assumir a linha da própria vida, muito menos seus pensamentos políticos. Virar a cara para os grandes falantes é dizer para si que não sou parte do povo... Os grandes falantes estão na política, nas artes, na guerra e nas religiões. Estabeleço como prêmio a ira aos grandes falantes; eles almoçam sua cabeça como um deus que se serve de ambrosia.

Nunca se deixe levar pela alegria do povo, que é uma mera alegria falseada. Quem está distante da praça do povo está mais perto de si. O povo gosta de falar de amor, mas não o possui. O povo gosta das vitórias, mas nunca obteve alguma. O povo gosta da bondade, mas sonha com a maldade. O povo gosta dos grandes, mas é pequeno. Somente os grandes falantes suportam o povo. Mas o povo consegue ser grande para fazer o mal... crucificando Deus. Se Cristo tivesse vivido por mais tempo, talvez pudesse assim repensar seus ensinamentos e amadurecer algumas de suas ideias, pois, cada vez mais, suas ideias são sentidas como vagas para os próximos anos: o de sempre, a humildade dos católicos e a ambição dos protestantes. Cristo parece ser a desculpa maior para se fazer algo de errado.

O povo nunca entende que está numa guerra entre ricos e pobres, e, nessa guerra, o povo é a imensa maioria, e apesar disso nunca se dá conta da guerra. Primeiro, deveria cuspir em vez de aplaudir seus heróis. Todos os heróis são falíveis como qualquer ser humano e, pasmem, o povo adora contemplar a riqueza de seus heróis, isso porque ainda não percebeu que seus heróis são seus inimigos. Às vezes pensa-se que nem Cristo em vida foi tão adorado quanto os heróis do futebol nacional. São todos inimigos do bem comum da utopia, e seus pensamentos admitem somente a própria fama e a própria riqueza, mas o povo, sempre tolo, prefere adorá-los!

Prefira sempre a contramão do povo, esse caminho sempre foi a galinha de ovos de ouro. Afinal, ninguém consegue enxergar o que a contramão enxerga. Deve-se um dia, para o povo brasileiro amadurecer, acabar com as inúmeras datas de festas que existem no calendário. É uma gente que quer discutir assuntos sérios sem ser séria. Não se pode levar a vida somente na brincadeira e na alegria do samba. Aqui, o samba parece ser tudo, deve haver até discussões filosóficas acerca do samba. Essa alegria desmaiada precisa acabar para o povo deixar a infância para chegar enfim à maioridade.

Reflexão

A vidraça precisa ser quebrada para o triunfo do sobrevoo do ar sereno. O povo somente é valioso quando vende uma tradição de trabalho; agora, quando ele compra a tradição da utopia, ele tosse exageradamente no leito de morte. Somente o que é sobrenatural pode ser soldado da segurança, aquele que defende o espírito verdadeiro. Sorrir é como possuir uma vaidade morta, e chorar é como possuir um pensamento utópico. O povo precisa, e logo, parar de sorrir, pois o futuro o aguarda cheio de lágrimas.

Soberano mesmo somente o espírito da última lágrima, pois as mulheres precisam aprender que a saudade foi assassinada pela dureza dos homens, restando apenas a única tradição de possuir a compaixão apenas por seus filhos.

O povo precisa deixar de ser povo, mas não adianta, ele não quer ser outra coisa além de povo. A guerra entre ricos e pobres existe, e é fundamentalista, pois o rico não quer deixar de ser rico, e, às vezes, o pobre não quer deixar de ser pobre. O povo, por ser pobre, deve também adquirir a mesma estupidez dos ricos. Uma fonte razoável de postura nessa guerra seria deixar de atender com sorrisos e conversas amigáveis aos mais ricos, para o rico também não ser bem aceito pelo povo, assim como o povo não é bem aceito nas conversas de rico. Deve haver para o bem da população uma divisão explícita entre ricos e pobres, mas a tradição católica do povo brasileiro enxerga o rico como um amigo que também deve ser aceito. Logo, sempre será dos ricos a vitória. Deve-se discriminar os ricos, virando a cara para seus bens de consumo e suas mulheres. Mas não, o povo prefere idolatrá-los, como se os ricos fossem os verdadeiros heróis dessa guerra. Sendo assim, o pobre sempre será o perdedor. Ah, se o povo tivesse a sutileza de desprezar totalmente tudo que vem do rico, logo a chama da utopia estaria acesa. Porém, todas as coisas do rico são abençoadas pelos pobres. Atenda aos pedidos do patrão com um cinismo exagerado, e os ricos do resto do mundo, com desprezo. Os ricos devem ser tratados com o máximo de desprezo, assim uma nação poderia elevar-se diante do esnobismo dos mais ricos. Despreze tudo dos ricos: suas ideias, suas verdades, suas glórias, suas vitórias, suas mulheres, suas coisas. E, novamente, a utopia poderia se fazer de união. Pois a utopia somente se estabelece se houver a união dos mais fracos, que são a maioria.

Mas, aqui no Brasil, o pobre sempre paparica os mais ricos pra ver se ganha alguma coisa (basta tratar o patrão com um severo cinismo). Deve-se ser mau, assim como o rico é mau, nas pequenas sutilezas da vida e parar de abençoar tudo o que vem do rico. Para assim ser, riqueza deve ser sinônimo de doença (concupiscência). Despreze-o assim como ele despreza. E, por favor, pare de abençoá-lo. Troque o canal da televisão sempre.

Nenhuma grande riqueza é alcançada com insípida bondade e honestidade... A população precisa elevar-se de alguma forma. Veja bem, a democracia é realmente democracia, ou a democracia é uma democracia disfarçada de aristocracia? Num país com dimensões continentais, não existe a menor possibilidade de alguém, sem qualquer tipo de aliança com os mais ricos, fazer vingar um projeto político. Portanto, há de se desprezar tudo. E o cinismo existe para isso. Seja cínico com seu patrão. Faça o que tem de fazer, mas não o abençoe como se fosse ele o seu suserano.

No Brasil, os ricos são exageradamente amados pelos pobres, talvez estes esperem um benefício que nunca existirá. Parar de rezar o catolicismo, em que Cristo prega o amor entre todos, é um ótimo começo. A guerra existe, e os ricos estão levando a melhor há bastante tempo. Nem sempre o ódio é o mal, como também nem sempre o amor é o bem. Deve-se devolver amor quando se recebe amor, e devolver o ódio quando se recebe ódio. Os ricos desprezam os pobres! É preciso chegar a vez de os pobres desprezarem os ricos.

Deus está presente nessa guerra, e ele abençoa sempre os ricos, pois os pobres, além de idolatrarem os ricos, ainda almejam tudo aquilo que o rico possui. É preciso roubar Deus para si mesmo. O luto dos fracos é feito de lágrimas superiores, pois são lágrimas verdadeiras, chora-se porque dá vontade de chorar, os mais próximos pensam no quão o mundo era maior do que ele. Enquanto isso, no luto dos mais fortes chora-se para manter a postura de que existia amor, chora-se para dar razão ao merecimento das heranças. E pensa-se o quão o mundo foi pequeno perto dele.

Para os mais fracos, Deus deixa apenas a esperança e é com essa esperança que se deve abraçar todo e qualquer tipo de união. E, para isso, todos devem desprezar os ricos, desejar para eles sempre a tristeza e a infelicidade. Deve-se atacar, não existe a esperança se não houver o ataque. Por isso deve-se desejar a tristeza do rico, pois este consome todos os prazeres que a Terra oferece. Prefira sempre o caos, o caos sempre traz a união dos mais fracos, o caos incomoda a felicidade dos ricos, o caos deve ser sempre a força para a mudança.

Os ricos adiantaram, nessa guerra, sua enorme força de potência sobre os pobres, os quais, agora, parecem ter perdido o espírito para os incontáveis canais de mídia. Faça exatamente o contrário do que a mídia estabelece, assim não há como errar. O caos traz união, o caos traz ruína para a felicidade de poucos. Hoje, ganhar é tudo. Tudo mesmo! Por isso, quando eles perdem, sentem ao menos que a felicidade não é uma lagoa azul pura.

Prefira sempre a política à religião. O que a religião ensina, e sempre ensinará, é apenas a fortaleza de manter-se vivo. Nada mais do que isso! E política não é apenas votar e ser votado. Se você quebra um sinal de trânsito por insatisfação de ter um filho morto no trânsito, você está fazendo política. Destruir a esmola que é por direito nossa, também é fazer política. Se o que é público pertence à sociedade, a sociedade então tem o direito de destruir aquilo que achar que não serve mais.

Religião é apenas ter espiritualidade. A verdadeira salvação vem da política da agressão e da união dos mais fracos. A religião somente torna-se necessária para a união de um pensamento para o bem comum. A mídia da novela fala de amor, amor esse que os mais fracos nunca terão. O amor torna o espírito fraco, quando o que vale é quem ganha mais. O amor vale mais pra quem ganha mais, mas quem ganha menos não precisa dar valor algum ao amor.

Reflexão

O Céu somente descerá à Terra quando os ricos caírem. Precisam cair no vermelho para entender o verso vendido, precisam de saudade ao menos no subjetivo. A tradição precisa ser a traição aos que ganham, ou o amor será sempre a vanguarda dos que ganham mais. O vale-tudo pela vaidade do vale-tudo. Quando assim, o soldado torna-se silêncio do sobreceleste, e o segredo, o vento unido à utopia. Precisa-se totalizar nossos princípios vingativos e desonrados. Pois sempre seremos príncipes vingativos e desonrados, enquanto a princesa precisa de lógica na antemanhã.

A lógica da democracia é a facilidade que os aristocratas têm para obter e manter o poder. Será mesmo a democracia o governo do povo? Em média, para se eleger um deputado federal precisa-se de quase um milhão de reais, e para se eleger um senador é preciso em média quase quatro milhões de reais. E quem financia tudo isso? Empresas, que, como em toda lógica do capitalismo, esperam ganhar mais com seu investimento. Portanto, não vivemos numa simples democracia, estamos vivendo numa aristocracia, pois quando a democracia dá razão à igualdade de cada um, ela se perde no momento em que um, com seus poderes pessoais, consegue se valorizar diante do povo. Algo como "todos têm o direito de viajar para Maceió", e cada um com seu poder pessoal segue o caminho; um vai de avião, um vai de carro, um vai de cavalo e outro vai a pé. É dessa maneira que o Estado de direito estabelece a igualdade da democracia. Logo, aquele que vai de avião estabelece-se rapidamente no poder, e com isso vai minando as chances daquele que vai a pé de chegar no poder. Com isso, é quase impossível que aquele que vai a pé chegue em Maceió.

Eis a "igualdade" na democracia, ou seja, não passa de uma mera aristocracia. Assim é dado o valor de um homem na sociedade, onde pensamentos nada valem, e muito menos ideias; por isso a camada popular deve estar sempre pronta para destruir todo e qualquer governo, pois todo governo é elitizado. Deve-se entender que o povo deve ser inimigo do poder.

Existem aqueles que buscam a pobreza? Sim, e são muitos. Há pobres que, por cansaço, aprenderam a ser pobres. Mas não há virtude alguma na pobreza, a não ser que haja união e o estabelecimento de uma luta de classes direta. A democracia não é o caminho, pois ela torna-se facilmente aristocracia pela simples facilidade de os ricos chegarem ao poder. Deve-se determinar a territorialidade dos ricos pelo poder, pois a amizade dos ricos com pobres serve apenas para elevar o poder dos ricos.

O cansaço é negar todas as coisas e objetos dos ricos e convencer-se de que a união traz verdadeiramente o poder ao povo. E somente o caos consegue fazer isso.

Os ricos conseguem enxergar os vícios dos pobres, quando estes apenas se separam. Quando cada um procura a religião e se individualiza, o poder torna-se distante. Fuja daquele que arrebanha o povo, seja através da religião ou da política, e confira o poder somente ao caos, que empurra qualquer político contra a parede. Deve-se não querer nada, apenas o caos, pois é ele que torna a vida um pouco mais doce. Não queremos ótimos hospitais e escolas, queremos apenas o caos. Todos precisam descer ao chão.

Viver a vida apenas para ostentar a riqueza dos outros é como morrer duas vezes: morre-se em vida porque o "eu" está dominado e, enfim, morre-se da morte natural. A maioria deve-se valer pela maior quantidade de braços fortes.

O homem precisa da utopia, não há como fugir dela. Se alguém levanta cedo para ir trabalhar, inconscientemente, ele está buscando a utopia, que pode ser considerada um sonho, ou quase ser feliz. Aqueles que se conformam com a pobreza apenas esperam a utopia depois da morte. Portanto, não há como fugir da utopia. Por isso, vários se entregam à espiritualidade da religião para valerem-se ao menos de algum traço de felicidade, mas a religião não basta. É preciso entregar-se para a política, é dela que Marte usa para ver-se no fronte da guerra.

E a guerra atual em todo mundo ocidental está dividida entre esquerda e direita, liberais e conservadores. Liberais são aqueles que buscam a mudança, lutam contra o *status quo* permanente, enquanto os conservadores prezam pelo estado atual de coisas. Como o desejo de mudança surge sempre na parte mais pobre da sociedade, é confiável para o mais pobres se dedicarem aos esforços da esquerda. Mas vale lembrar que o poder corrompe, tanto a esquerda como também a direita. Por isso o caos deve estabelecer-se como condição de purificação dos poderes. O caos pode ser a fonte reguladora para que os poderes tenham cautela diante de suas forças corrompidas.

A esquerda deseja mudança, e é bastante infalível dizer que a utopia não se estabeleceu, por isso o discurso de transformação da esquerda consegue alcançar os sonhos dos mais jovens, pois os conservadores, que gozam de um estado perfeito de coisas, buscam apenas manter o atual estado de coisas.

Dentro da conjuntura atual da política, também encontra-se outra divisão entre esquerda e direita. A esquerda também representa o pensamento marxista contra o movimento de economia liberal da direita, ou seja, o comunismo *versus* o capitalismo. Essa divisão se dá através da diferença e *status* da economia.

Há sempre uma força política mais realizadora de uma parte, como também há de outra parte. A esquerda possui a força de realizar a inclusão da parte mais pobre da sociedade. Um maior número de pobres consegue melhores condições de vida devido à força política de esquerda. Já a direita consegue mais facilmente modernizar o Estado. Mas não se deve generalizar, pois essas forças antagônicas às vezes possuem um discurso enviesado de renovação e progresso.

Para um povo forte politicamente, deve-se acreditar nas duas possibilidades, tanto da esquerda como da direita, e deve-se também saber trair o próprio movimento político. Pois a população sempre possui a tentação de rumar para um lado e para o outro. O povo gosta da vitória, somente da vitória.

Reflexão

O vice está perdido, mas a primavera possui as flores do rumo da saudade. A brisa ainda é a utopia do verso. O triunfo é poder tiranizar apenas os inimigos, fazer o sobrevoo do soldado raso. Os corpos são apenas corpos quando a quantidade está individualizada no permanente sobrenatural. Alguns esperam Deus e outros o buscam. Talvez esteja faltando mais vontade de Deus, o volume da utopia ainda está muito baixo, é preciso uma vocação tardia para algumas vezes uivar.

Ser de esquerda ou ser de direita? Quando há vícios nas duas extremidades é preferível escolher o centro. Talvez assim seja mais fácil absorver a potencialidade das duas vertentes. E quando a esquerda e a direita agem conforme o ritmo da sociedade? Às vezes, a esquerda assume o mesmo populismo da direita, sendo assim, tanto faz uma ponta ou outra, pois o que vale é ganhar. Tudo está tornando-se homogêneo, até a política. Parece não haver mais diferenças entre esquerda e direita, elas estão agindo conforme o meio. A esquerda diz defender os mais excluídos, mas, às vezes, a direita conservadora consegue resultados mais satisfatórios. É preciso romper com nossa sagrada racionalidade, pois o novo sempre atravessa as portas do tempo, querendo mudar o próprio tempo. O centro talvez seja o mais cabível para a concentração das mudanças. No centro você pode bater tanto contra a direita como contra a esquerda; ele propicia maiores vantagens e maiores aliados. Ser governista para quem é conservador, e ser incendiário do caos quando existe vontade e potência de mudança. Sendo do centro, pode-se criticar tanto a direita como a esquerda, podendo também participar dos benefícios de uma e de outra. O centro é fonte de poder, pois são poucos os que conseguem centralizar suas ideias; na política como na religião existe um fanatismo que cega a visão da própria alma. Então, por que não ser de centro? Já que a política desse novo século está se tornando homogênea, parece não haver mais diferenças entre a esquerda e a direita. Ambas parecem governar iguais, com pouquíssimas diferenças de tratamento. A direita privatiza, mas isso não quer dizer que a esquerda também não o faça. A esquerda busca o crescimento, mas a direita também julga ser capaz. Ambas as ideias parecem compartilhar do mesmo propósito, ou seja, não há mais as grandes diferenças que haviam no século xx.

O Céu precisa algum dia desabar sobre este mundo. Não é possível que as ideias dos homens sejam assim tão distantes da ideia paradisíaca de Deus. O Céu (utopia) precisa fazer parte do nosso tempo, e com urgência; não é possível haver mais fracassos diante da vontade da utopia. Aqueles que não querem a utopia devem mudar-se para alguma ilha distante, pois os povos não querem mais sofrer.

Imagine se todas as leis e regras fossem respeitadas por todos, sim, isso é utopia. Qual o ideal necessário para a verdadeira consagração da raça humana? O gene do bem precisa fazer parte de todos, tanto nos ricos como nos pobres. A ideia de um mundo feliz não é tão distante como pensamos. Olhe à sua volta, e perceba que a maioria parece respirar essa tal completude da felicidade. A grande maioria parece respeitar as lições religiosas, mas elas somente podem ser colocadas em prática através da política. O homem precisa de mais imaginação, pois a imaginação é capaz de alcançar a realidade se a maioria busca a transformação dessa imaginação em realidade.

A imaginação precisa pairar entre os povos e ser respeitada como produto da mudança, sem imaginação não há transformação.

A verticalidade do ser para com Deus (espírito) precisa ser desenvolvida através de uma força que tenta destruir o erro, destruir o medo, destruir aquilo que causa a infelicidade. Ou seja, Deus precisa ser domado ao menos uma vez para descobrir que o homem quer a felicidade hoje. Não dá para esperar até a morte. Deus precisa ser vencido para que haja um amolecimento de suas leis cósmicas. Até hoje, Ele não entendeu que todos querem o que somente Ele pode dar.

É preciso travar essa luta de anjos. Por isso a imaginação torna-se fundamental para nos elevarmos ao Céu ainda em vida. A guerra contra o princípio do engano, a fonte do mal precisa ser destruída. Precisa-se de Marte ou precisa-se de Cristo? Claro que Marte perderia mais uma batalha, mas é urgente a necessidade de guerra contra o maldizente mundo em que se vive. Marte ao menos quer reduzir tudo a pó. Por exemplo, é fato de que não gostamos de tal praça, mas Cristo e os bem-educados conservadores diriam: "Devemos respeitar a nossa história!". Mas a nossa história está sempre sendo refeita de lamentações. E por isso surge Marte: "Queimemos então a tal praça! ". Pois a história sempre precisa de novos alicerces, novos ares, que somente surgem depois de um enorme desprezo pelo antigo erro.

A horizontalidade do ser para com seus semelhantes (alma) precisa acender a razão onde é encontrada a união. Quer-se o bem de quem ama e do que se ama. A união é necessária somente para aqueles que desejam a mudança, pois revoltar-se sozinho é como ser um reles criminoso dentro do mar da sociedade. O revoltar-se sozinho precisa da união, ela é a força. A Revolução Francesa somente aconteceu porque o revoltar-se sozinho estava unido a muitos outros. Deve-se sempre querer bem a quem amamos, a família, os amigos, a comunidade. É essa relação do amor exteriorizado que torna a união a principal força de mudança.

A alma não pode estar carente de união. Aquele que se desfaz da união, quase sempre encontra-se perdido em seu ideal. É a vontade de abraçar tudo e a todos que torna o ideal (utopia) uma verdade que pode ser alcançada. Aquele mundo idealizado sempre pensará que o próprio ideal está distante; ele não consegue abraçar o mundo, porque seu ideal está preso dentro de si. Mas aquele, munido de ideal, que consegue juntar para si e para os outros a união, esse percebe que o ideal (utopia) está sempre cada vez mais próximo. Os ricos se unem exclusivamente pela atração do poder. Logo, é cabível aos pobres pensarem apenas na desorganização de poder dos mais ricos. Desorganizar deve estar sempre em mente quando o poder aflige a imaginação e a verdade da maioria excluída do poder.

Na literatura bíblica, Deus serve como um unificador do povo hebreu. Ele é o alvo para a unificação daquele povo, mas hoje esses valores de união, que Deus estabelece como regra, perderam-se. A fácil comunicação entre povos do mundo inteiro fez Deus perder sua característica principal de fazer aliança de união para um determinado povo. Os países ocidentais tornaram-se laicos, quer dizer, nestes países não há mais uma religião ou uma crença que os une. Há o Deus dos católicos, dos protestantes, dos espíritas, dos muçulmanos e de muitas outras vertentes religiosas.

Antes, para os hebreus, a crença em Deus servia para unificar um povo e um país. Era a certeza de que todos aqueles que acreditavam em Javé eram parte de um mesmo povo. E agora? Com a universalização das religiões, como Deus vai agregar o povo de uma nação? No Brasil há budistas, há católicos, há judaístas, há protestantes de diversas vertentes. E para cada um há um Deus diferente. O laicismo do Estado fez esse Estado perder um pouco de unidade, pois quando todo um povo crê numa única crença, isso agrega valor à união desse povo. Os hebreus venceram enormes batalhas graças à unidade que haviam conquistado através de seu Deus Javé.

As diferenças nas crenças de um povo podem acabar minando a identidade e a união desse mesmo povo. Basta conferir a rivalidade existente entre os protestantes e as religiões afro no Brasil. Todos são brasileiros (o que os tornaria iguais), porém as crenças são divergentes. A diferença de crença acaba desagregando a unidade dentro da federação.

E a religião é fator bastante importante para agregar um povo. A religião é a princesa que acomoda em seu seio todos os desamparados e descrentes. A vida às vezes é bastante dura com alguns indivíduos, e quando estes se apoiam na religião, às vezes conseguem traçar uma vida mais retilínea. Com isso a força de um povo pode ser construída. É baseado nessa premissa que encontramos a extrema rivalidade numa guerra santa, pois cada povo quer que seu Deus triunfe na Terra. De um lado pode ser puro fanatismo mas, do outro, aquele Deus consegue unificar um determinado povo.

Reflexão

A religião é absolutista e pode fazer voltar o vale-tudo que o vento faz soprar. Abre-se a vontade de algumas vezes estar-se vendido para o que está abaixo para alguns e acima para outros. A unidade não consegue fazer tirania para si própria, ela precisa do vaivém da traição e do sopro para fazer ruir a rotina da vaidade. Aqueles que abraçam a união muitas vezes quebram a vidraça e tiram vantagem de um grão de glória. Deus precisa descer dos céus rapidamente, pois corre-se o risco de receber em seu altar apenas loucos.

Falta transparência na liberdade do verso vermelho, como falta utensílio para o verso azul. Por isso todos se acomodam na sombra de uma quantidade de brisa que faça o sobrenatural soprar o sagrado para perto de si.

Um Estado sem religião pode ruir com o tempo (o laicismo deve estar apenas com a justiça), pois o que agrega valor para se acreditar nas leis é a pura religião. É da religião de um povo que nasce o pensamento moral desse próprio povo. As principais batalhas que os hebreus perderam aconteceram quando já não acreditavam no Deus Javé. O Estado sem religião torna-se palco de inúmeras divergências ideológicas, pois no que alguns creem os outros não creem. Basta ver a bancada evangélica do Congresso, ela sempre irá rivalizar com todas as ideias liberais. São conservadores por natureza. A bancada evangélica nasce da lacuna que os outros partidos deixaram ao não considerar a crença em determinada religião, e como as outras religiões não se fortalecem politicamente, os protestantes, que arrastam milhões de pessoas, acabam fortalecendo a união de suas ideias.

O Estado não pode ficar nulo naquilo que crê. A justiça precisa ser também a vontade divina. Muitos cometem crimes por acreditar que as leis humanas não refletem as leis divinas. Quando o Estado assume uma postura laica, o povo deixa de acreditar em suas leis, pois o povo sempre irá considerar Deus maior do que o Estado. A união desse povo passa a ser impossível, e nascem as disputas de controle do Estado através da fé. Pode-se deixar o direito livre de crença, mas o Estado precisa crer em algo sublime e divino para tornar-se forte diante daqueles que têm como ideal a rivalidade entre Deus e o Estado. Quando o Estado não acredita em Deus, abre-se a oportunidade do povo dizer: Deus é maior do que os políticos, por isso somente deve-se considerar a lei divina.

E quando o Estado não crê em Deus abre-se a oportunidade do nascimento da ideia de que o Estado não teme nada, nem a Deus. Pois assim sendo, o Estado assume a postura de que não teme a Deus, e se um dia houver guerra e a derrota sendo algo inevitável, todos culparão a descrença em Deus. É que este sempre será maior no imaginário do povo, pois a cultura de Deus no mundo ocidental já é parte integrante da razão de seu povo.

O povo somente usa a razão através da vontade e do julgamento de Deus, por isso todos preferem as leis divinas, por considerarem as leis do homem ineficazes. Deve-se criar leis, usando a razão da bondade e do castigo divino, deve-se aproximar o mais razoavelmente possível das características da bondade do povo, como também das características de julgamento desse povo. Em alguns lugares apedrejar um estuprador é uma lei comum, é razoavelmente aceito por todos, já em outros lugares essa lei torna-se mais branda. Em alguns lugares, Deus tolera tudo, em outros, Deus não tolera nada.

Todo pai sabe castigar seu filho, por isso no julgamento divino também há o castigo. A presença de algo divino precisa ser notada no Estado. Quando um indivíduo está seguro de não receber pena de morte por estuprar dez mulheres, e ainda matar todas as dez, corre-se o risco de que não haja a presença divina no Estado, pois o povo, nesse momento, terá somente a vontade da lei divina. É assim que a presença divina torna-se distante, pois ser bondoso com quem faz o mal é considerado injustiça para a maioria.

Quando o Estado está sem nenhum tipo de fé, transforma-se num lugar sem Deus, mas Deus é fator de união entre as instituições e o povo. Sendo assim, resta somente a esperança na política, e esta, como fator de guerra, torna-se frágil para as suas próprias disputas.

A política não agrega indivíduos tão facilmente como a religião, mas se todo um povo fosse dedicado à política, certamente seria um povo mais esclarecido e forte. Um país assim seria um oásis no mundo, como numa época de ouro dos gregos.

É na política que está a fonte de transformação da sociedade. Na política não há limites para o desenvolvimento do poder. Se cada um obtivesse a mesma participação na política como há a participação na fé de sua religião, as transformações de poder seriam mais fáceis. O que acontece é que os indivíduos, na maioria das vezes, ao crerem numa religião, permitem que ela se estabeleça por si só. A fé fica direcionada somente ao imaginário, ao invisível. A fé, quando aliada à corrente política, torna-se mais forte e densa para consumir o poder, pois liga Deus ao cinismo, e Deus é facilmente encontrado nos costumes e atitudes de um povo. A religião consegue manobrar o poder, pois, quando um povo crê em algo, ele acaba solidificando seu pensamento, apropriando-se do amor (Deus) e passando a celebrar a união. Se houvesse uma guerra de cem soldados contra cem soldados, aqueles que lutaram em nome de Deus certamente seriam muito mais abençoados pelo povo do que aqueles que lutaram contra o nome divino.

Uma ideologia sem Deus poderia ser a perfeição, mas ela sempre encontraria portas fechadas na dureza do conservadorismo da sociedade. É por isso que jovens de esquerda dificilmente vencem o pensamento conservador daqueles (maioria) que creem em Deus, pois Deus já está estabelecido diante do mundo e lutar contra ele é como lutar contra o mundo. Por isso a esquerda pratica o ateísmo, considerando o estabelecimento divino como a grande parte do conservadorismo da sociedade. Me diga, como convencer um católico fervoroso de que o Estado pode ser mais bondoso do que a infinita bondade de Deus? E em algumas leis o Estado consegue ser mais bondoso do que o pensamento divino. Penso que é neste ponto que a esquerda precisa vencer, pois o conservadorismo tem esse pacto para vencer ideais ditos liberais. A esquerda precisa vencer Deus, tão alegremente invocado no imaginário popular.

Reflexão

A vanguarda nunca precisou de algum deus afiado para colocar abaixo as ideias e os costumes da sobrecarga. A política é a sombra de Deus diante daqueles que possuem afinação de voltar para os versos e os salmos. Precisa-se abraçar o vento de uma vontade para que se torne tradição da água, sempre precisaremos de água para a vida. Não basta a afirmativa, deve-se abandonar o volume mais sólido dos pensamentos.

Se Deus está contigo e com todos, logo Ele certamente prefere o partido conservador; agora, se Deus está contigo e contra todos, logo Ele prefere o partido liberal.

O mundo é dividido em dois mundos: o mundo rico e o mundo pobre. A maioria do mundo rico se localiza no hemisfério norte, e a maioria do mundo pobre se localiza no hemisfério sul. Como o mundo rico se estabeleceu? Talvez graças ao cultivo do conhecimento e do cultivo da guerra. Todos sabem que a Grécia Antiga é o berço da sociedade ocidental, e como as raízes da Europa se estabeleceram diante do conhecimento grego, logo o europeu usou o conhecimento como força de dominação. E a forte característica de Marte, para com os romanos, fez com que suas armas de dominação se ampliassem. Isso é fácil de perceber quando os colonizadores europeus se estabeleceram no continente americano. As armas indígenas pareciam ser de brinquedo frente ao poderio bélico dos europeus. Essa enorme diferença de tecnologia no material bélico reforça a ideia de que somente o conhecimento traz dominação e riqueza. A sociedade que dificulta o estabelecimento do conhecimento tem uma tendência a desaparecer. Os ameríndios aos poucos perdem a noção da própria cultura, para muitos é uma cultura que já não vale pra mais nada. Ou seja, foram dominados pelo conhecimento do europeu. Todo o continente americano era habitado pelos ameríndios, e hoje, passados mais de quinhentos anos, a América já está toda dominada pela cultura dos europeus. Aquele que não acredita na força do conhecimento está fadado ao fracasso. Basta dizer que numa sociedade moderna atual, um brasileiro de classe média parece ter o mesmo *modus vivendi* de um americano de classe média. Mas quem domina quem intelectualmente? Quem imita o americano é o brasileiro, como também quer imitar o europeu. Imita na política, nas artes, no trabalho, nos costumes, em quase tudo. E são nesses valores que a força de Deus estabelece-se. Pois tudo isso é conjunto do que se faz e aprende no mundo.

Reflexão

O mundo pode ser uma varinha de condão se quem usá-lo for absolutista da razão. Não há vantagem nenhuma na varanda da vanglória, abençoar somente a vaidade é como ser tirano da própria utopia, pois nem todos admiram a vaidade. Ela é um vaivém enfraquecido, é título apenas dos aflitos. Conhecimento e sabedoria é escudo e espada, por isso a união prefere o redor da água do que o redor do fogo.

O silêncio às vezes fere mais do que a arma, pois ele é afirmativa da quantidade mais importante da sobrevida. É por isso que se precisa propor o espaço da procura, a antemanhã como o maior valor da rapacidade. Deixar o nulo no obscuro, deixar o ofensivo no oculto e preferir sempre a bênção diante da vantagem. Quem usa o vaivém do triunfo, logo se cansa com qualquer proximidade com a verdade valiosa.

Estamos dizendo que o conhecimento é o verdadeiro ouro de uma sociedade. Quem tem a primazia pelo conhecimento domina primeiro. A grande verdade é o conhecimento. Se um país, de extenso território, como o Brasil, não cultivar na maioria a primazia pelo conhecimento, em pouco tempo será dominado intelectualmente, para depois ser dominado de maneira personalizada.

Qual a causa da frequente pobreza da maioria brasileira? O descaso pelo conhecimento. Já se sabe, há mais de cem anos, que o Brasil somente vende produtos primários (carne, soja, café, minério de ferro e outros), e compra em excesso a alta tecnologia dos países sempre ricos. Sabe-se que todo país tem uma quantidade "x" de riqueza; como o Brasil vende o minério de ferro e volta a comprá-lo em forma de automóvel (maior valor agregado: tecnologia e conhecimento), logo, essa riqueza com o tempo vai sendo transferida para os países que valorizam o conhecimento. Nisso, a tendência é sempre empobrecer-se diante dos países mais ricos. Foi assim, pela falta de conhecimento e domínio sobre a natureza, que os ameríndios foram sendo exterminados. Os que ainda sobrevivem estão completamente ambientados nos costumes e padrões dos europeus.

O Japão, para não perder completamente a Segunda Grande Guerra, investiu tudo em educação, a palavra-chave que todo político teme ouvir, pois é uma palavra que não dá nenhum retorno de votos. E por que os políticos japoneses não pensaram duas vezes, depois de destruídos pela guerra, em investir tudo na educação? Porque no Japão há união, unidade, não é um vale-tudo para ver quem ganha mais. O imperador japonês sabe que o Japão é dele, e um Japão forte consiste num império forte. Por isso investiu tudo em educação depois de perder a Segunda Grande Guerra. Já no Brasil, como o Brasil não é de ninguém, quem sobe ao poder pensa em sugar e ganhar tudo o quanto pode. Precisa vencer na base da quantidade de riqueza, e isso somente agrega disputas, confrontos, desunião, perda dos valores éticos. O poder precisa estar centralizado ou semicentralizado para poder de fato cultivar a semente do conhecimento, pois quando um obtém o poder e planta uma semente, quando a árvore já está pronta para dar frutos, vem um outro da disputa e leva a árvore ao chão. No Brasil existe a idiotice de se procurar uma terceira via. Não há terceira via, ou você é de direita ou de esquerda, conservador ou liberal, valoriza o mercado ou é marxista. Não há terceira via.

Reflexão

O ti-ti-ti do mundo pode ser rugoso nas mãos do que é sagrado. Você tosse para fazer valer o instinto do pensamento vulgar. Como se fosse a afirmativa da vocação para se temer a primavera. A primavera não conserva o frio da imaginação passada.

O Brasil, por ser considerado a sexta maior economia do mundo, deveria também ser visto como um país rico, mas não é o que acontece de fato. Existem dois Brasis: aquele moderno e rico, e o arcaico e pobre. Para entender essa dualidade, basta ver que o Brasil é um dos campeões em desigualdade social do mundo. E isso é bem fácil de compreender; como o país não tem tradição alguma em conhecimento, o maior valor da vida acaba sendo a riqueza, e isso é um fato: quem é rico, não vai querer deixar de ser rico, pelo contrário, vai querer ser mais rico ainda. Os brasileiros, de maneira geral, ostentam a riqueza; para a maioria, a riqueza é a virtude para o alcance da felicidade. Às vezes, os ricos ainda estão procurando essa tal felicidade. Como o conhecimento é jogado para segundo plano, não se consegue dominar a natureza tal qual fazem os países ricos. São ricos porque o conhecimento é a maior alavanca que o homem tem para aproximar-se, ao menos um pouco, das estruturas divinas. A dominação de um povo diante do outro surge através da inteligência. Não se pode mais confiar a vida nas mãos do ouro. Qual povo seria mais rico? Aquele que tem ouro em abundância ou aquele que descobriu no ouro a possibilidade do seu uso para a vida eterna (pedra filosofal)? A felicidade está no aprendiz e não no mestre.

E por que no Brasil não há um grande interesse pelo conhecimento? Porque todos querem ser ricos, demasiadamente ricos. E, em muitos casos individuais, nem sempre o conhecimento traz riqueza, no entanto basta o sabor pela riqueza para que alguns caiam no completo vício das maldades. Busca-se a riqueza a qualquer custo. Não creio que há uma sociedade que prime mais pela riqueza do que o Brasil. Ela é tão divinizada que os pobres suspendem os ricos num altar. Parece que os vícios foram feitos para serem endeusados. Você quer saber da vida de um apresentador de televisão, mas pouco se importa em conhecer a vida de Cecília Meireles e outros tantos que formam a baliza do amor à sabedoria.

Reflexão

A afinação do povo é beber a água sem abraçá-la. A água está abaixo, ela é vulgar, ela é vendida a baixo custo, porém a água pode ser a utopia, a água pode triunfar diante das outras coisas. O que é mais essencial pra vida, a água ou o diamante?

A valsa parece tóxico para os soberanos, parece ser uma tenda de vanglória. Deve-se voltar a aprender a dançar a valsa do verso, aprender com a terra e abandonar a totalidade das coisas na alma e no espírito. O amor pode ser um estrondoso silêncio que tem a vantagem de não existir, mesmo existindo para quem ama. O amor é a afinidade da alma que o outro esquece como primavera chegando.

A educação parece ser o maior fardo de um governante, pois seus frutos somente amadurecem a longo prazo, enquanto uma rodovia gera dividendos a curto prazo. Deve-se entender por que o Brasil joga a educação para escanteio. É da cultura luso-latina a dominação através da riqueza. Somente há a riqueza! Parece ser sempre assim, não há como mudar o conceito de base da civilização brasileira, a riqueza é o fundamental alicerce da felicidade. Deixemos os anglo-saxões dominarem através da sabedoria e do conhecimento. Porém, corremos o mesmo risco que os índios, o risco de desaparecer como nação única no mundo. Ultimamente, o país reclamava de uma interferência de espionagem que os Estados Unidos fizeram para com o Brasil. Sim, podemos reclamar, porém os Estados Unidos são um país vigilante, a guerra sempre está presente em seu futuro. Espionagem nada mais é do que um elemento de guerra. Agora, os estadunidenses conseguem nos espionar. Será que conseguimos fazer o mesmo? Assim, podemos conhecer nossa fragilidade diante do mundo, fragilidade que surge a partir do pouco conhecimento das leis da natureza. Se os Estados Unidos atacassem o Brasil, sim, poderíamos ganhar a guerra, com muita dificuldade, mas ganharíamos. Agora, e se o Brasil atacasse os Estados Unidos? Para refletir, essa hipótese nem existe em nosso dicionário. É preciso crer que o país nunca acreditará na força do conhecimento.

Sabe-se que a política possui dois polos: a esquerda e a direita. Para a esquerda, criminalidade se resolve com educação, cultura, saúde... Pode ser que solucione uma grande parte dos problemas, só que, para isso, deve-se destinar uma maciça quantidade de investimento por um longo período. O grande problema é que as pessoas querem o retorno para agora, querem já. Por isso a direita, pensando desse modo, quer investir em polícia. É o enorme trânsito das ideias. Enquanto se investe em tudo com uma pequena quantidade de recursos, tudo parece a favor do descaso. É necessário identificar a raiz dos problemas. Se a esquerda acredita na educação, deve-se portanto fazer por onde, mas não é o que vemos. Deve-se dar todo o crédito para a educação, mas tanto a direita como a esquerda querem resolver tudo, todos os problemas. Deveria ser assim, esquerda no poder, a maioria dos recursos deveria ir para a educação. Já a direita no poder, a maioria dos recursos deveria ir para a segurança, ou seja, para a polícia. Mas não é o que vemos. Os partidos levantam suas bandeiras; porém, quando estão no poder, parecem priorizar somente o poder, e começam a tentar resolver tudo de uma só vez. A esquerda parece ser a grande culpada, já que a raiz de tudo é a necessidade de educação. Então, por que não se prioriza a educação? Pois quando a direita retoma o poder, o cassetete corre solto. E sabemos que o povo brasileiro é demasiadamente conservador. A mídia direitista diz que os manifestantes são vândalos, logo a população reproduz o entendimento da mídia. Há como mudar a política somente com palavras de cartazes?

Já é do conhecimento de todos a existência de dois Brasis. Um parece opulento, rico e forte; já o outro, quase miserável e pobre. A facilidade com que os ricos burlam leis e fazem dobrar suas riquezas faz com que haja as interferências sociais, pois um país possui "x" de riqueza, e essa riqueza é melhor distribuída entre os ricos. Há como Deus interferir na ganância? Isso acontece quando os distúrbios aparecem. O número da criminalidade salta aos olhos. Parece ser bastante razoável o número de crimes no Brasil: mata-se mais do que numa guerra. Ou seja, é uma guerra civil não declarada. Sabe-se que essa guerra existe, mas ela ainda não foi declarada. E enquanto a diferença social persistir, pode ser que essa guerra seja declarada futuramente. É lógico que os massacrados um dia se levantarão contra os violentadores. Deve-se limpar a voracidade da classe alta, pois, sendo assim, o Brasil pode deixar de existir como uma representação de seu povo e a bandeira do Brasil em Brasília somente servirá como força simbólica. É do conhecimento de todos que os legisladores legislam para os mais ricos. É uma guerra que torna-se pesada com o tempo sem haver a declaração. Quando houver essa declaração de guerra, o Estado terá somente que responder em hipótese de estupidez, porque é uma guerra que existe, e que não possui nenhuma possibilidade de término, pois a democracia surgiu para servir de alicerce para o fim dessa guerra social. Mas, pelo contrário, a guerra foi tornando-se mais violenta do que de costume. Por isso, o povo torna-se indefeso, pois sabe-se que houve muita luta para a redemocratização, e agora não há para o que recorrer já que a democracia instalou-se. O grande problema é que ela instalou-se contra os anseios populares, os políticos não representam de fato a população. É daí que surge uma população mais esquerdista do que de costume, ela está à esquerda dos partidos de esquerda. Não se acredita mais em salvadores da pátria. Não existe mais aquele que emergirá para o futuro da sociedade brasileira. Daí surge a vontade do caos, somente o caos definirá a força de um povo prostrado.

Reflexão

O poder afiado corta e faz sangrar a vocação do verso. É a afirmativa da totalidade do vilão. Ele é vendido, mas não vendido para sobreviver, ele é vendido pelo sopro do sistema que o iguala à bênção da água. Abaixo somente aqueles que esperam o vermelho do verão e a graça absoluta. Quantas vezes o amor nunca conseguiu ser maior do que a vantagem?

Romeu está preso na rocha que serve a quantidade da boca. É como procurar espaço na mudança da piedade. O grande papel da mulher-macho. Se existir uma certeza, essa certeza é de que a princesa prefere a consciência ofensiva.

Dentro de um universo de indivíduos, todos possuem seus próprios princípios de vontade, que se chocam, logo, haverá uma parcela da população que ainda não saciou sua vontade. É como se vários indivíduos estivessem numa guerra interna, e somente poucos conseguissem a vitória, pois todos os princípios de vontade se chocam entre si, nascendo assim a classe alta e a classe baixa. E normalmente a classe baixa não realiza sua vontade. É para isso que existe o Estado, para regular os princípios de vontade de cada um e para diminuir o estado de miséria de muitos, mas quando esse estado de miséria torna-se frequente deve-se ao princípio de vontade voraz dos mais ricos, pois esse princípio é parte integrante de qualquer um, e imediatamente voraz para quem realiza frequentemente suas vontades. O rico nunca sacia sua vontade, porque é inata ao homem. Possui o poder de vontade infinita, o mais vale sempre mais, quando se tem mais: é uma constante no pensamento humano.

É por isso que existe o Estado, sua finalidade é conduzir o princípio de vontade de todos. O que é princípio de vontade de todos, também tem que ser princípio de vontade do governo. Mas em países como o Brasil, esse princípio de vontade do governo parece ser mais violador ainda para os mais pobres, pois o governo parece querer saciar o princípio de vontade dos mais ricos, o que é enormemente contrário à sua função, que é priorizar o princípio de vontade dos mais pobres, ou da maioria.

O governo precisa dar prioridade a seu princípio de vontade, e para isso precisa priorizar a maneira da sua função dentro do Estado. Qual é essa função? Regular as necessidades básicas do ser humano para que todos consigam sobreviver com saúde e felicidade. Dizem que o brasileiro é o ser mais feliz do mundo; penso que não; provavelmente, é somente o mais alegre. Seria o ser mais feliz do mundo se cada governo elevasse o Estado como força de seu povo. O que acontece é que o governo sempre possui um princípio de vontade alheio às vontades da população. Nisso, o próprio governo não regula o poder da democracia. Se a maioria da população pede a redução da maioridade, o governo dá as costas com finalidades de reeleição. Julga ser uma batata quente da qual precisa livrar-se rapidamente. Ou seja, o governo não é Estado. O governo para ser Estado precisa buscar bases sólidas nos anseios populares, mas, ao contrário, prefere a guerra entre ricos e pobres. Essa guerra é diária e estúpida, pois quando a força da democracia está em alicerces sólidos diante da vontade popular, facilmente a nação adquire um princípio de vontade imutável. O que acontece é que cada governo quer fazer diferente do governo anterior. Enquanto o governo, proclamado de direita, de Fernando Henrique priorizou o Programa Saúde da Família, o governo de esquerda de Dilma Roussef priorizou o Programa Mais Médicos. Assim, conclui-se que o Estado nada mais é do que uma linda prostituta que passa de mão em mão, fazendo-se dela o que bem entender.

Quando o princípio de vontade do Estado é mais sólido do que qualquer governo, Deus paira sobre todos, pois o princípio de vontade de todos é realmente de todos. É esse pensamento que deve reger uma nação.

Agora, é necessário constatar algumas verdades sobre a mídia. Sim, a mídia, pois ela possui caráter quase fundamental sobre o pensamento da maioria. Ela forma e conclui o que a maioria pensa e talvez seja a maior força sobre os juízos de cada um.

Percebe-se que a maioria das mídias é de direita, pois é manobrada por grandes capitalistas que fazem do país um grande circo para a evolução do próprio capitalismo. Ela determina a legislação, o julgamento e a execução. Quando alguém fala em revolução, é ela que aparece com panos quentes para apaziguar o pensamento de revolta da maioria. Todos repetem o que ela determina. Alguém diz: "Sou contra manifestações de vândalos". Nunca se pensa que isso foi feito para a manobra da ideia de que ninguém quer uma revolução. Assim, o assunto ganha corpo e passa a ser reproduzido diariamente, logo, em pouco tempo, todos serão contra manifestações violentas. Há nesse contexto uma guerra de ideias de um contra milhões. Os milhões querem mudanças imediatas contra o descaso do Estado; agora, apenas um, o capitalista da mídia, não quer mudança, pois seu capital é imediato diante do conservadorismo; esse um está contra todo o pensamento de milhões, e os que antes queriam mudança voltam-se para os seus fazeres diários, e esquecem rapidamente o ímpeto de valorização da mudança. Um único capitalista de mídia consegue dominar o pensamento de todos. Se não houvesse mídia televisiva, em junho de 2013, uma revolução teria eclodido no Brasil.

A televisão, assim como qualquer outra grande empresa, é determinada pelo conservadorismo, pois é dele que flui o seu maior capital. A televisão às vezes parece ter o poder de hipnotizar. O que ela quer e precisa é o que ela tem. A televisão é governista, pois do poder surge a satisfação. É a televisão que decide o que é belo, o que é inteligente, o que é rico, o que é verdadeiro, o que é justo. Ela decide, pois o pensamento da maioria parece desaguar sempre em seus pés. O que é vanguarda somente torna-se vanguarda ao passar pela televisão. Parece ser ela quem dá o valor de cada um e de cada coisa.

Reflexão

A agonia do juízo feito pela televisão é como afinar uma utopia assassinada pelo tirano. Esse tirano está aberto e abençoa somente o agora, e esse agora parece ser televisual. Tão urgente é o agora para um juízo alado entre todos, sem tradição do "eu" subjetivo e de saída. Muitas vezes é melhor ser valioso durante toda a afinação, do que ser o vice fora do salão de dança. Cumpra sempre o que o vilão disse, pois logo todos terão o mesmo tipo e a mesma transparência. A primavera sempre estará distante da sombra da terra e do verso sem vontade e absolutista.

A televisão não dá chances para a população julgar um ato com raciocínio e imparcialidade. Ela vomita na cabeça de cada um o seu próprio julgamento. Se antes alguém pensaria três vezes diante de um julgamento, com a televisão não se pensa em nada, a população reproduz o julgamento da televisão. E quando a comunidade se encontra, todos fazem seu julgamento a partir do conceito que a televisão preestabeleceu.

Pode-se constatar a força da televisão de um modo bem simples. A mesmice das novelas parece querer ganhar um poder de arte refinada. O universo acadêmico que sempre combateu esse tipo de arte descartável, hoje, parece fazer nascer doutores em novela, como se a novela fosse a maior riqueza cultural do país. A maioria sabe da pífia riqueza artística da novela; mas a televisão, tão ditadora de sua moda cultural, exige que todos aceitem a novela como uma arte de encanto e refinamento humanístico.

Todos os produtos precisam ser aceitos pela população, as marcas da televisão são "realmente" as marcas de confiança. Quanto menos televisão, menos propaganda na cabeça. Às vezes esquece-se de que aquilo foi feito para ser vendido.

É por isso que a televisão pode ser alçada como um grande deus ou demônio para a faculdade dos indivíduos. Ela assume a postura da maioria, e a maioria confia o seu aprendizado intelectual à performance televisiva.

Se considerarmos Deus como aquele que possui a capacidade de interagir com todos os indivíduos, podemos dizer então que a televisão possui essa capacidade divina. É a televisão quem dialoga diariamente com milhões de pensamentos, às vezes pensamentos estuprados, pois a mídia consegue fazer alguém dizer sim quando quer dizer não.

A mídia consegue fazer espetáculo de qualquer coisa. Eu desafio, tenho certeza que a mídia consegue fazer de uma pedra o maior dos artistas, o maior dos espetáculos. Parece que todos os pensamentos próprios são anulados e tornam-se a vontade de serem únicos. A vontade única de mulheres fúteis é viver um conto de fadas tal qual um comercial de margarina. A vontade única de homens ignorantes é ter o automóvel mais caro do comercial para usar como ferramenta de conquista. Isso parece resumir a utilidade do pensamento-écran. A vontade parece mudar, todos querem ter o que todos têm, todos querem ser o que todos são. Os desejos tornaram-se unilaterais, parece não haver mais um abismo entre a vontade de um e a vontade do outro. Assim, na sociedade, em eterna busca das coisas, os objetos tornaram-se mais fascinantes do que as virtudes. Ou alguém pensa duas vezes sobre a qualidade dos objetos e as qualidades humanas? Sendo assim, ninguém conseguirá ser um completo cristão, um completo budista... se passar um quarto do tempo do dia assistindo à televisão.

A estratégia das emissoras de TV é usar o certo e o correto a seu favor. A população sai às ruas para se manifestar, logo a televisão explicita somente o certo. Quando se quebra uma agência de banco, para a televisão isso não é correto. Mas as tarifas exorbitantes dos bancos, que, ainda por cima, sabem que a população precisa de banco para ter segurança com seu pouco dinheiro, isso também não é correto, porém a televisão não escolhe essa informação para ser transformada em uma verdade a ser combatida.

A televisão, assim como a direita, explicita somente o que é correto. Parece que quer humanizar através de uma condição robótica. Não se pode jogar lixo na rua, mas a televisão pode jogar seu lixo cultural à vontade sobre nossas cabeças. O amor é lindo e maravilhoso, porém a televisão consegue transformá-lo em quase nada. Pois qual homem casado consegue suportar o bombardeio de mulheres da televisão?

Com que propósito as emissoras tendem a ditar o que é certo ou errado? O único propósito que conheço do que se pode pensar sobre o poder é a concupiscência (apetite sexual e material). É que todas religiões tentam combater a louca concupiscência. Algumas emissoras se autointitulam emissoras de TV da família, e é justamente o que elas conseguem degenerar mais facilmente. O aspecto unilateral da TV sobre sua certeza do que seja certo pode parecer como um cão raivoso do inferno. Mesmo estando no inferno não há como combater a certeza do que é certo para a TV.

Não há como surgir um poder de esquerda no Brasil que seja atuante, pois as televisões manobram o pensamento da maioria, pois o *status quo* de uma sociedade é de fato o que é dito como certo. E as leis surgem desse *status quo*. Veja bem, se houvesse um poder de esquerda atuante, e a televisão necessitasse derrubar esse poder, assim ela teria dificuldades, porque o *status quo* de esquerda atuante seria considerado o que é correto. A maioria sempre se deixará levar pelo que é correto, o que é bondoso, o que é justo. Esquecendo-se de que o justo parte da legislação desse *status quo*.

Reflexão

O juízo muitas vezes nasce para derrubar a aflição absolutista. Quem abraça a vontade parece querer viver em eterna primavera, como se fosse fácil levantar o vermelho de um céu vilão. É o eterno vaivém das palavras, que somente são aladas quando se vende o sagrado. É por isso que o maior silêncio é o revés da senhora da razão.

A televisão sabe o que é rugoso assim como a população, porém a televisão vende o rugoso com palavras de utopia, é como se um cachorro sem pernas valesse somente pelo seu olhar de humildade. O defeito do mundo é o defeito de não ajudar a tradição da totalidade do pensamento cristão. Por isso, às vezes, os vilões se tornam o que há de mais urgente na paisagem urbana.

A busca de Deus está ligada à mudança de algum estado de coisas. Quase sempre a maioria sente-se distante dos prazeres da vida, pois todos querem o bel-prazer de viver bem.

Logo, isso gera a ideia de que as raízes do problema estão na distância de um fator material. Quando a maioria acredita no poder da concupiscência, sempre há uma constante fome por ela, assim a matéria torna-se o fator preponderante para a anulação de sentimentos ruins (tristeza, infelicidade). Torna-se legítimo saber que na maioria das sociedades a força da matéria é mais relevante do que nunca, pois nessas sociedades somente o saciar da matéria consegue elevar o espírito (busca de concupiscência). Mas nem sempre a matéria é a essência para um espírito elevado, no entanto, nas sociedades ocidentais parece ser óbvio para alguns a afirmação de que a prática das virtudes humanas só é possível através da riqueza material.

Deus pode ser considerado parte integrante de uma felicidade pessoal, e quando a busca pela matéria torna-se escassa é importante o nascimento do pensamento pela mudança. Nasce a vontade de mudança do *status quo* e é como se, de tanto o diabo bater na porta de cada um, muitos precisassem obter algumas graças (matéria). A verdade da pulsão pela mudança existe somente quando a maioria não goza de felicidade pessoal (o bem-estar de viver bem). Na política isso pode ser representado por um povo insatisfeito e raivoso.

Reflexão

Mudança – açnadum

Em sociedades em que a matéria torna-se o sumo bem para a felicidade, há a constante expectativa da mudança. Muitos não querem acreditar que o Estado sempre está à direita de todos. Ninguém consegue ser mais de direita do que o Estado, pois é ele quem legisla, julga e executa as leis. Ninguém consegue ser mais pesado do que o Estado democrático. Porém, a vontade de mudança sempre está presente na maioria dos indivíduos, por isso, quando o Estado é de esquerda, todos querem que ele seja de direita (veja os casos da Europa Oriental). E quando o Estado é de direita, todos querem que ele seja de esquerda. Isso surge do desejo pela mudança das camadas populares. A mudança sempre faz parte do processo da maioria excluída do poder, pois, com exceção da classe alta, todos querem mudar a vida.

Reflexão

Estado
um pensamento
um pensamento um pensamento
um pensamento o pensamento um pensamento
um pensamento um pensamento
um pensamento

Isso surge porque o pensamento do Estado é mais forte do que o pensamento da maioria, não adianta o pedido da população por uma saúde de qualidade em vez de sediar a Copa do Mundo.

Dessa maneira, percebe-se como fica impossível acreditar na utopia, percebe-se que se está do lado errado da força; uma esquerda muito sonhadora pouco realiza, e uma direita agressiva pouco humaniza. Deve-se pensar excessivamente num tipo de honestidade no acúmulo da riqueza do Estado. O caminho mais plausível é usar da honestidade como meio e fim para o engrandecimento da população. Deve-se acreditar, ao menos, em crescimento com união das partes, seja de direita ou de esquerda. Precisa haver um pacto republicano que consolide um projeto único para ser contemplado e executado. Algo como uma esquerda e uma direita orientando esse projeto único, de transformar as ideias de um país em verdades. Ou seja, acreditar em Deus é como acreditar nas virtudes.

Reflexão

COMPAIXÃO=ESQUERDA DIREITA=AÇÃO

Pois quando se acredita em Deus é rogada a tentativa de ser bom, justo, verdadeiro, honesto, corajoso e prudente, pois Deus simplifica a multiplicidade do que é perfeito. A busca da perfeição, inata ao homem, é a busca pela utopia. Aqueles que não querem a utopia estão dizendo que não amam ao próximo, ou que não querem o bem da humanidade. É preciso fazer o bem sempre que preciso.

O grande problema é a excessiva valorização do capital numa sociedade contemporânea. O capital parece ditar todos os valores existentes; muitos preferem perder o caráter para estar do lado do capital. Como os homens podem nascer tão pérfidos? Escolhem o ouro como unidade de valor, sendo que ele tem pouca valia para a sobrevivência, enquanto que a água, com função essencial para regular a vida, nada vale. Até hoje parece que estamos atônitos com o brilho do ouro. É necessária uma inversão do que é preciso para a vida. Alguém deve, e rápido, inventar uma forma para que o homem valorize mais um bom caráter do que o capital. Sendo o capital a maior preciosidade de alguém, logo a destruição de tudo torna-se inadiável. Somente com a inversão dos valores é que se pode pensar na salvação do mundo, como se o amor fosse escolhido para ser usado pelos mais pobres.

Reflexão

A falta do zero é o que está antigo nessa agonia das noites. Preferir, às vezes, o que está abaixo pode ser apaixonante pelo vermelho do verão. Quantas vezes a palavra foi arte no anoitecer? A grande verdade é que a vontade de todos está vazia, assim como o valioso é vendido para cada turno do verso. Apresenta-se ao mundo somente a afirmativa do título que todos carregam na tradição do óbvio.

Há algo com que cada um se preocupa? Lógico, o principal medo de muitos: é ficar muito pobre e passar fome. A fome pode ser uma mazela em que nem todos acreditam, pois estão distantes. Mas alguém se preocupa com a fome do outro? Quase ninguém. Para isso serve a figura do Estado. E quando o Estado está ausente? Então, parece ser o momento de deixar o outro morrer de fome. E onde está toda a tradição religiosa cristã do ocidente? As palavras de Cristo? Sumiram, pois todos estão com medo de passar fome também.

Parece que muitos pedem piedade ao Estado, sendo que sua função é regular a naturalidade da vida. Ou seja, fome, ao menos, ninguém poderia passar. Mas o Estado estrangula tanto sua própria função que muitas vezes todos parecem querer destruí-lo. Para um Estado ser considerado Estado, ele deve ter como função fundamental regular a vida de cada cidadão, pois este tem deveres para com o Estado. Às vezes parece uma diversão, na qual o topo do poder é o lugar do artista principal. Alimentação é a base da vida, e o Estado tem como função permitir a vida. Sabe-se que no capitalismo nem todos são vitoriosos, portanto, a parcela que não sorveu da sopa da economia deveria ao menos ser mantida viva. Ou o que se ensina? O importante é ganhar ou competir? E assim, quem perde, perde tudo! É assim que o Estado mantém as virtudes de Atena?

A fome pode ser considerada o mal de todos os séculos. Parece não bastar a organização do Estado para vencer esse mal. Na Grécia Antiga havia um almoço comunitário em que todos participavam. O que parece? Parece que no mundo antigo havia melhor organização do que hoje.

Reflexão

FOME
FOMEFOME
FOME FOME
FOMEFOME
FOME

Há um enorme vazio no mundo considerado cristão. Em tempos atuais as palavras de Cristo parecem ter perdido a força. Inclusive, as igrejas protestantes ensinam que o ganhar é tudo. Ninguém mais pensa em compartilhar, a única vontade é ter tudo, sempre ao sabor dos prazeres da vida... crucifica-se novamente.

E ninguém pode condenar o outro por querer tudo, pois cada um quer ter tudo. É a vontade das massas. A sociedade das formigas parece ser mais humana do que a nossa. Entre querer nove e o outro, um, prefere-se querer dez e o outro que fique sem nada. No grande espetáculo de mazelas, a fome serve como pano de fundo para a promoção da caridade. Aquele que se diz caridoso transformou-se com o aumento de sua riqueza no maior propagador da fome entre tantos. Quando tenho dez, nove estão sem nada. Quando tenho vinte, dezenove estão sem nada.

A fome é resultado da nossa ganância desenfreada. Talvez, pelo medo presente da fome é que muitos escolhem o crime como meio de sobrevivência. Digo, não é a fome que forma o criminoso, mas, sim, o medo da fome; e o medo é uma paixão, e uma paixão é uma força quase totalitária sobre a razão. Portanto, deve-se combater o medo da fome, esse sim é o grande perigo das sociedades, visto que o medo de passar fome faz com que o indivíduo antecipe esse fim com atos marginais. Esse medo está presente em quase todas as periferias. Alguns dizem que o fator que predomina é a falta de educação, mas deve-se entender que o medo da fome desencadeia a paixão (o medo é uma paixão, assim como o amor e a piedade). E, quando movido por uma paixão, o indivíduo joga um jogo de tudo ou nada. Deve prevalecer uma forma de minimizar o medo da fome (talvez centros de alimentação gratuita), pois a maioria pobre convive com essa paixão quase que diariamente. Os filhos de uma família pobre não suportam conviver com esse medo presente desse ideal chamado capitalismo selvagem. O medo de passar fome está sempre, diariamente, atazanando. Sem dizer que a TV ensina o que a juventude precisa ter para ser. Desse modo, o medo (paixão) não faz o filho da família pobre pensar duas vezes antes de entrar no mundo do crime.

Atente-se para o medo antecipado e frequente de passar fome, talvez ele seja o grande mal que torna a aventura do crime realizadora, pois queiram ou não, alguns criminosos se destacam na sociedade periférica. Então, entre o medo de passar fome e a realidade de ostentação da riqueza, muitos preferem a segunda opção, porque conseguem adentrar aquela realidade somente vivida pelos filhos da classe média alta. E a pura competição do mercado destaca exageradamente algumas marcas que são consumidas avidamente. Logo, surge uma infinidade de coisas (objetos) que se deve ter para ser. Nos anos trinta, antes do consumo de marcas, os jovens compravam seu terno com o alfaiate mais próximo de sua casa.

E hoje surgem novas marcas de camisa, calça, tênis, sapato, relógio, carro; todos os objetos de valor que dão o significado de ser para o jovem, que segue com o mesmo conceito na vida adulta. E também surgem novos produtos: *notebook*, *iPod*, *iPad*, *videogame*. Pare para pensar nessa infinidade de produtos que alimentam o conceito do ser: não há nada de mais humilhante para o jovem do que passar fome em casa (mãe ou pai trabalham honestamente, mas falta tudo, até comida).

Enquanto a separação da nação se realiza entre ricos e pobres, a inveja também torna o fator dominante para que os mais pobres busquem outro dispositivo para seu conceito de ser. O que estou condenando aqui são os estados de consciência da maioria que permite que essa inveja dos mais pobres nasça. Ainda não existiu uma sociedade perfeita sobre a Terra, mas a distância entre as porções sociais faz a ideia de vingança dentro dessas porções, submetendo-as à violência e ao crime. O capitalismo, mesmo dado como certo para o futuro, faz o jogo do "ganha-tudo" valorizar a ganância como característica principal da sociedade, distanciando cada vez mais o homem ocidental de um Deus que ele mesmo elevou. A palavra de Cristo contra a concupiscência vale muito pouco para essa sociedade pós-moderna. Deve-se dizer que a sociedade pós-moderna anda na contramão de Cristo. Não estou dizendo que deve-se ser católico ou protestante fervoroso, quero apenas dizer que algumas palavras de Cristo são importantes para o conceito de ser (amar ao próximo). Sei que o amar a si de Sócrates também é importante, mas ele vale para quem está sofrendo, pois a sociedade, com sua fantástica gama de produtos, que serve como magia para o ímpeto dos mais jovens, acaba individualizando todos os seres, e como diz Heidegger: o conceito de ser somente nasce na proporção do contato com o outro. O que talvez Heidegger não tenha podido experimentar da pós-modernidade é que o conceito de ser realizado no contato do outro existe hoje somente no sentido de escravizar o outro; assim, um relógio e um automóvel são capazes de demonstrar, aos olhos da sociedade pós-moderna, que alguém está acima do outro. Há grupos de indivíduos que pertencem a um estilo de vida "superior". Enquanto alguns têm todos os objetos de valor que se podem obter no mundo, outros convivem com o medo da fome sempre presente. É justamente essa indiferença que torna a criminalidade saudável para alguns. Soma-se a isso a indiferença dos que detêm o poder, que seriam, na lógica, os defensores populares, aqueles que, movidos pela paixão do povo, conseguiriam realizar a igualdade entre todos. A maior fatalidade do jogo político é que o povo (camada mais simples da sociedade) somente pode contar com aqueles que mais o desprezam, o homem político ou o homem público, pois Deus nunca descerá dos Céus para remediar as nossas mazelas; a palavra (amar ao próximo), se dita com verdade e razão, consegue apenas segurar a aceleração da fatalidade.

E somente haverá igualdade por meio de dispositivos políticos, mera fatalidade, pois quem usa o poder parece não querer reparar os danos da desigualdade. Afinal, como sempre, estão no poder, e é somente o poder que os torna ainda mais individualistas. Nunca se pensa exclusivamente no bem da comunidade; enquanto alguns têm fome de alimento... outros têm fome de poder.

Reflexão

É o grande zero da antiguidade, amanhece e anoitece, mudam-se as artes, mas a agonia continua a mesma. O belo é vontade popular, mas a água é uma vontade perdida. Soma-se a isso a utopia do que vem antes, a palavra alada que somente se ergue no peito do vulgar. É mais valioso ser anticristo e vice do vermelho vendido do que ser aquele antigo apaixonante ti-ti-ti da tradição.

Voltar para o lugar quente em que a verdade não seja um teísmo de suspiros dos séculos. Fazendo valer o sem-vergonha sem razão, que pela aflição brota da terra para sobreviver diante do juízo do soberano. Amar o agora sempre estará abaixo da vontade da vaidade. Ou melhor, chame todos de ninguém, pois todos também te chamam de ninguém.

No que chamo de ciclo fechado da destruição não há a menor possibilidade de esperança, pois para gerar riqueza a lógica é produzir muito e mais; portanto, o capitalismo gerou a oportunidade para poucos. Ou seja, o nível de exclusão se acentua ainda mais. O mais triste disso tudo é que a salvação somente poderá ser sentida através de governantes, que, ao contrário da lógica de um homem público, parecem defender os ideais dos mais ricos. Além de estuprar a natureza, deve-se olhar sentado e calado a evolução da selvageria do domínio através das coisas.

O capitalismo está num estágio tão agudo que o ser está aliado com o ter, o domínio é somente alcançado através da posse das coisas (objetos). Alguém é melhor do que o outro se comprovar isso através do números de coisas. Alguém é melhor do que o outro se tiver mais coisas. Não há um nivelamento de virtudes. O mais corajoso é o mais rico, porque ele melhor enfrentou a selva de pedra. O mais inteligente é o mais rico, porque inteligente é aquele que sabe ganhar dinheiro. O mais prudente é o mais rico, pois ele soube administrar sua fortuna. O mais bondoso é o mais rico, pois ele dá mais dinheiro aos pobres... e assim segue. A lógica das virtudes nunca esteve tão voltada para a riqueza como no mundo pós-moderno. Cristo parece também ter perdido a palavra no capitalismo, pois o capital também adentrou as igrejas. O assunto do mundo é quem ganha mais. Parece ser a verdade que nenhuma religião consegue eliminar sem combater.

No ciclo fechado da destruição, o valor da matéria parece querer asfaltar toda a natureza existente, já que a população cresce geometricamente, logo não haverá mais a paz na floresta ou nos campos. O ciclo fechado da destruição revela que a inveja sobressalta cada indivíduo. Ninguém está contente com o que tem, há sempre um apetite por mais. Não há mais limites para o sobressalto da individualidade; se, na Idade Média, um camponês era feliz por ser camponês (não participava de guerras), hoje, um trabalhador não é feliz por ser trabalhador. Hoje, todos estão insatisfeitos, pois todos querem ter o que todos têm.

A fome parece ser permanente no mundo. O conhecimento que consagramos sempre (não há mais volta), e acreditamos que seja a arma do homem para eliminar o sofrimento, parece apenas enriquecer materialmente. Cada novo produto idealizado parece ser mais uma oportunidade de mazelas: latrocínio por causa de objetos.

Reflexão

O único protesto é rumar caminhando para o vendaval, para o partido das frases fáceis. É o princípio de que o superficial transforme o amor maciço num coração obscuro. É melhor assassinar o sublime!

Os mares ardentes parecem levantar com a antemanhã da piedade. Quem sabe do sistema, sabe que o sólido é verdadeiro, e o espírito é sagrado, mas a palavra é antiga. O juízo tem de estar no sabre e não na quantidade da flor, pois essa quantidade pode se tornar pueril. Sendo assim, deve-se vender a utopia para salvar a água que se bebe.

No ciclo fechado da destruição não há mais volta, todos precisam da integração lógica do capitalismo, pois aquele que escolhe cuidar do outro, provavelmente, não terá ninguém pra cuidar de si. O capitalismo transformou-se numa avalanche, parece ser o motivo que Deus integrou na sociedade. É o caminho único da salvação.

Porém ainda existem aqueles poucos românticos que não desistem de seus ideais, e estes, que deveriam ser considerados "anjos da guarda", são vistos frequentemente como demônios da sociedade capitalizada. A maioria é jovem, atuando sempre como vanguarda para defender os rumos da humanidade. O grande problema é que os jovens não estão conseguindo mais a vitória com mudança. Parece que a juventude dos anos sessenta já atingiu o apogeu dos seus ideais. Se antes a luta era pela democratização, à qual venceram, a juventude atual parece querer muito além das possibilidades terrenas. A cada década, os jovens parecem perder, pois sempre chega a idade em que o capital fala mais alto dentro da estrutura erguida para a sobrevivência. Todo jovem um dia olha para si e para a humanidade e observa que o capital possui uma força exageradamente desumana... os amigos somente são amigos quando existe um sonho para ser sonhado junto.

Reflexão

IDEAL

I D E A L

IDEAL

I D E A L

IDEAL

O ideal vai voando com a poeira, pois enquanto o tempo passa, as amizades mudam, e a vontade de ser não é a mesma. Parece que o ter torna-se mais agradável, e nisso o ideal vai perdendo forma diante de uma geração vencida. A esperança somente nasce com uma nova geração, que na maioria das vezes não terá força de expressão diante da geração anterior, que, pela idade, já consumiu a razão de ter. A geração vencida possui o escudo do ter, enquanto a geração que tenta vencer busca o ser, e fatalmente perceberá que a força do ter, numa sociedade pós-moderna, vence facilmente a estrutura do ser.

O conflito entre gerações é permanentemente visível numa guerra social (ricos x pobres). Os mais velhos desprezam os mais jovens, como também os mais jovens desprezam os mais velhos. Os mais velhos querem possuir a força de vida dos mais jovens, enquanto os mais jovens querem possuir a sabedoria dos mais velhos.

Reflexão

Quem briga com o antigo revela o zero da arte, e quem briga com o novo revela o zero do agora. É uma afinação que pertence ao sopro de uma primavera de todos. O vulgar tem mais palavra do que a manhã, enquanto o simples perde a palavra ao anoitecer. É como se o vale fosse sobrevoado por soldados do acaso de todos.

Apaixonante, às vezes torna-se agradável e, às vezes, torna-se agulha que perfura a traição dos que perderam o juízo ou a razão.

O jogo de perde e ganha é somente para adultos, extremamente proibido para os mais "jovens". O jogo político sempre irá existir em qualquer sociedade, o grande problema é quando ele se torna a principal febre da sociedade. Quem é mais maduro, aquele que joga o jogo político ou aquele que quer se manter distante? É uma pergunta de grande importância, pois se a natureza do homem é querer dominar, então ele segue o instinto social. Mas, se a virtude de ser bom revela inteiramente o fato de como o homem deve ser, então quem se mantém distante do jogo político pode ser considerado o ideal do ser humano, pois este não tem o instinto da dominação.

Às vezes, parece que aquele que joga o jogo político faz isso como se fosse o raio de luz da sociedade.

Reflexão

A
C
I
T
Í
L
O
P

E qual é o raio de luz que brilha mais? Pois aqueles que mantêm distância do jogo político parecem ser mais fortes moralmente, parecem estar mais próximos do homem religioso e prudente, parecem estar mais próximo do homem de virtudes. Porém, perdem o instinto social. Logo, fica mais fácil de concordar que os bons sempre se mantêm distantes da política, pois sabem que podem se sujar das mazelas humanas. Ou seja, os bons, os que deveriam realmente desejar a política, estes nunca entram na disputa, visto que para ser bom o suficiente deve-se saber que a política é um jogo de vale-tudo e, até chegar ao poder, o indivíduo já se sujou o bastante dentro do curral.

Para aquele homem bom e verdadeiro sempre há o chamado para fugir da disputa política, o que acaba tolhendo os sonhos da maioria. E qual homem inteiramente bondoso já entrou na política? É difícil responder, porque não houve nenhum. E quando eu digo bondoso, refiro-me a um homem inteiramente dedicado a ajudar. Não houve nenhum, porque antes de pensar em entrar no jogo político ele já foi consumido pela sociedade. Os atritos entre indivíduos dentro da comunidade já prostra o caráter bondoso de qualquer um. E, na política, o sujeito precisa aprender a pisar nos outros com muita categoria diversas vezes.

Reflexão

O ser multicolor do verso às vezes precisa da lógica natural do que é ser letal. Ninguém passa na vida sem ao menos ser produto de partes de alguém. É como medir o *et cetera* vazio. É como ser mudança da piedade da página. Nenhum paracleto (cristo defensor) consegue o espaço sem haver uma parte do absoluto. O amor é língua lasciva nas possibilidades da nuvem de absurdos. Tente, ao menos, não ser o peixe de um mar tirano e silencioso. Pois a vida é uma arte criada por algo poderoso.

Na política você deve saber pisar nos outros, porque a disputa política às vezes requer magoar alguns para beneficiar os seus. Nem sempre é possível beneficiar a todos. O ideal é ajudar quem mais precisa de ajuda, essa seria a função do Estado; porém, o poder revela outras facetas, pois lida com a ganância dos homens. Muitas vezes quem não precisa de benefício algum é beneficiado em demasia pelo Estado. É como se o Estado fosse uma colmeia, e os indivíduos fossem as abelhas, todos produzem o mel para haver o sustento de todos, e todos querem se lambuzar.

Às vezes, se determinada lei é um enorme favorecimento para a população, o legislador, por força da circunstância, não vota nessa determinada lei, pois ela desfavorece alguns dos seus. Mesmo que todos os cidadãos fossem bastante politizados, as forças poderiam se equilibrar, mas com bastante dificuldade, pois a força do capital aliada à ganância dos homens desequilibra o fator de igualdade. Ou seja, as coisas (objetos) é que nos governam (dinheiro sempre trocado por objetos). Sente-se às vezes que as coisas é que são controladas pelo indivíduo, mas o fato de as coisas serem o alvo principal, demonstra que todos são dominados por elas. Por exemplo, quando alguém quer mudar de emprego pra ganhar mais, ele está visando ter um outro universo de coisas. Ou seja, todos guiam-se através de seus próprios desejos pelas coisas. O mundo fornece essas coisas (objetos), por isso transforma-se a natureza do planeta a todo instante. O verde de uma floresta é transformado no branco de um papel, por exemplo. Novamente o ciclo fechado da destruição.

Portanto, sabe-se que todo político tem suas próprias leis de favorecimento. São favorecidos aqueles que possuem mais contatos com a política. Ajuda-se primeiro os seus, é uma regra geral entre políticos.

Deve-se ficar atento ao ciclo fechado da destruição, e quem deveria realmente se preocupar, não se preocupa. Deve-se atender primeiramente às necessidades dos mais fracos, esse deveria ser o Estado, justamente para não gerar a ganância em todos os indivíduos, já que, num jogo de perde e ganha, ninguém quer perder. Deve-se anunciar o risco da mudança, uma mudança de proteção, como também deve-se estar atento a que nem sempre o amor é o bem da humanidade. Compaixão, sim, talvez seja o bem mais próximo.

Será que Deus assiste a nossa destruição? Ou o homem é perfeito? Quem está mais próximo do poder tem o dever de ser perfeito, pois está mais próximo das forças que regulam a vida. Mas como o jogo é feito para quem quer dominar, então ele consegue ser perfeito somente para si.

Reflexão

O ritual do amor pueril serve apenas como quadro para ensinar aos outros que a sombra é escura. E quem precisa da sobrevivência escura é aquele que tem o zero como palavra apaixonante. A verdade, assim, torna-se agonia para agradecer somente a totalidade. Sagrada seja a brisa que dá um sentido à vida do rodapé.

Somente os mais pobres dão valor a alguns aspectos da natureza. Sendo a fome uma dor próxima da agonia, então sente-se mais facilmente a vontade de desistir, pois uns ricos estão preocupados em derrubar os outros. A fome deveria ser encarada como um fator essencial de mudança. O governo que se preocupa em combater a fome consegue ser mais divinizado pelos pobres, pois estes sempre a temem. Esse governo poderia ser aceito como um governo de aspecto bondoso, pois nem todos governos se preocupam com a fome dos outros.

Desenraizar a fome de um lugar é prover o florescimento de tudo, já que ela é a base de toda destruição da sociedade. Aquele que não consegue nem comer, logo estaria dotado de todos os males aos quais a vida está sujeita: doença, guerra, criminalidade, fraqueza política e falta de espiritualidade. Somente com o corpo rígido é que se pode pensar em ideias de benefício.

Em muitos países subdesenvolvidos há uma farta colheita de alimentos, porém esses alimentos servem como enriquecimento de alguém, negligenciando-se a distribuição. Exporta-se os bens primários para alguns obterem objetos de valor que inflamam a cobiça, a ganância e a inveja dos mais pobres (pois estes estão jogados para a condição de fome). Deve-se distribuir essa farta colheita de alimentos para a saúde pessoal de cada indivíduo, fazendo com que, assim, problemas como a criminalidade tenham efeitos retroativos, pois todos sabem que não vão passar fome.

Pensar num representante divino é pensar em combater males como a fome, pois a bondade é fator essencial para aqueles ditos divinos. Talvez a fome possa ser considerada um dos maiores males que alguém pode passar. Na mentalidade racional da maioria esse mal não deveria existir, mas existe, e somente existe porque essa maioria está em luta travada de forças para se distanciar desse mal. Às vezes, penso que todo político deveria passar ao menos por um curso em que os males de cada país fossem expostos. Precisa-se conhecer e reconhecer os males existentes em cada região. O poder precisa ser pensado como uma forma de ajudar os mais carentes, e não como uma forma de autopropaganda para benefício pessoal. Cada político deveria pontuar os maiores males da sua região. Somente assim, quando os males deixassem de ser invisíveis, o florescimento da vida poderia existir diante do ciclo fechado da destruição.

Reflexão

Anoitece o pensamento somente aquele que vende a arte ao vilão. Pois o vilão já foi vendido por ele mesmo. Nos tempos atuais, caminha-se no meio da sociedade e cada um conhece quem é o vilão. É como se agonia vivesse de vaidade, e a aflição vivesse da tradição da traição. Qualquer palavra pode ser anticristo, mas às vezes a palavra torna-se antiga tanto para o cristão como para o anticristão. Completa-se o risco de que Deus transformou-se em trabalho.

O desemprego é outro mal do sistema capitalista pós-moderno e serve para muitas empresas como negócio de lucro. Com o avanço do desemprego muitas empresas conseguem baixar salários graças à alta rotatividade de emprego, à alta procura e à baixa oferta. Muitos querem trabalhar, mas não encontram emprego, enquanto outros, que já trabalham, precisam aceitar ganhar menos para evitar o desemprego.

No ciclo fechado da destruição, o desemprego tende a aumentar, pois cada vez mais proprietários de fábricas buscam mecanizar o processo de fabricação, já que máquinas não precisam de férias, salários, abonos, licenças-maternidade e outros afins. Outro fator que influencia a queda do número de empregos é o fortalecimento das megaempresas que se consolidaram no século vinte e hoje derrubam facilmente as médias e pequenas empresas com a concorrência, pois são as médias e pequenas empresas as que mais empregam em qualquer lugar. A falta de recursos materiais também funciona como elemento que eleva o desemprego. Os produtos somente podem ser fabricados através de recursos naturais; um exemplo é a água, elemento fundamental para regular a vida, que está escasseando em todo planeta.. Outro fator de força do desemprego é o alto número de pessoas com escolarização superior. Quanto mais indivíduos especializados disputando uma vaga de emprego, mais facilmente baixa-se a renda dos escolarizados. Hoje em dia é fácil encontrar um doutor desempregado, algo que há trinta anos era quase impossível.

Reflexão

DEZ EM PREGO

O número crescente de trabalhadores na economia informal atrapalha o fortalecimento do Estado, que deve bancar aposentados e pensionistas. As despesas do INSS já estão gerando a falência do órgão. O número de trabalhadores na economia informal aumenta a cada ano. Chegará, se já não chegou, o dia em que o Estado não poderá bancar mais a atividade de aposentados e pensionistas. Enquanto o setor terciário da economia incha, quem se prepara para aposentar-se daqui a trinta anos não terá garantia de retorno. É a base de um capitalismo extrasselvagem.

O reaparecimento da inflação nos países do Cone Sul agride a capacidade de compra do trabalhador. Com a volta da inflação, o trabalhador não tem como comprar, logo o sistema volta a vomitar médias e pequenas empresas. Assim, o sistema continua agregando o desemprego como fator de sustentação dos mais ricos. Às vezes, parece que Deus idealizou esse ciclo fechado da destruição, tão difícil é ver uma saída.

Reflexão

Sem trabalho não há Deus.

Eu mesmo diria para os mais ricos como forma de chutar o balde: continuar a enriquecer mais e mais, pois o povo adora o caos e sabe sobreviver diante dele.

O descontrole da taxa de natalidade nos países subdesenvolvidos também influencia o desemprego. É como se no jogo do perde e ganha o número de vitoriosos fosse escasseando até alcançar poucas centenas. E para os vitoriosos, não há muito para ser comemorado, pois o povo adora o caos estabelecido e sabe que é apenas um número distante do mundo; por isso, todos reunidos conseguem fazer um estrago bem grande na ordem vigente. Na cultura helênica, o mundo nasceu do caos (a ordem nasceu do caos). Assim a ordem somente consegue ter um futuro: voltar para o caos. Enquanto a vigência do perde e ganha continuar, a vontade que o povo tem de enlouquecer pode explodir. Afinal, o povo quer ser rico também e não consegue. Antes, na Idade Média, podia-se controlar os camponeses e os plebeus através de Cristo. Hoje, esse fator é desinteressante, o povo quer ser rico também, assim como a burguesia o é; e sabe-se que ser rico é apenas demonstração de poder ou exibição gratuita.

Quem verdadeiramente ganha com o caos é a histeria de ver tudo pegar fogo, e é isso que o povo deseja. A grande maioria pobre não teme perder algo para ver o mundo pegar fogo. Ou seja, a elite está perdendo a coragem por causa da vaidade de ter, pois na Idade Média o povo não tinha coragem, e hoje a população consegue abrir mãos de pequeníssimos privilégios para dar caos à ordem. A linguagem democrática serve para a maioria dizer: "Todos são iguais!". E o povo vai reagir sempre.

O sistema capitalista pós-moderno gerou uma imensa quantidade de trabalhadores sem trabalho. Isso também faz parte da mudança, para pior, pois, tempos atrás, o homem dedicava sua fé através de sua força de trabalho. E agora que não há mais o trabalho, resta apenas a devoção pelo caos, porque não existe mais um trago de pequena honra que somente o trabalhador conseguia inflamar. Não existe mais o direito ao trabalho. Sendo assim, o homem desliga-se de sua entidade superior, os mais jovens vão se acostumando ao desligamento do trabalho. Há três gerações a noção de Deus somente era presenciada na cultura do trabalho. Hoje, o trabalho é visto como pura sobrevivência, pois são poucos os que conseguem consumir os objetos do mundo. Sem trabalho, a inveja inicia seu processo dentro do comportamento da sociedade. Aquele que possui trabalho é visto com maus olhos pelos que não o possuem. A inveja parece às vezes ser mais forte do que se pode imaginar.

Reflexão

O trabalho vinha da terra, hoje parece vir do ar. Parece haver uma fumaça na chaminé não produzida pelo fogo mas, sim, pelo céu. É como se o vendaval transformasse o zero em número do juízo. Aqueles que tossem são vice do vento, vice do anoitecer e vice da graça.

O trabalho transcendeu para o nada. A criação divina parece ser uma totalidade de saudade. O que antes era apaixonante, agora parece ser simples agonia de uma utopia.

Cada vez mais o trabalho vem sendo desvalorizado. A cultura do trabalho ganhou um novo conceito; trabalho agora é feito apenas por quem ganha mais. Hoje, ganhar mais significa trabalho. A sociedade pós-moderna cospe para fora todos aqueles que trabalham e ganham pouco. Parece que ganhar pouco tem uma dimensão de escravização. É como se os que ganham pouco fossem uma espécie de escravos do mundo pós-moderno. Não há mais aquele orgulho de apenas trabalhar, muito característico nos homens do campo. Antes, o trabalho era reverenciado, não importando o valor do salário. Era como se trabalhar fosse uma espécie de auréola para o honesto bater sobre o peito a própria moral. Hoje, até esses são excluídos de uma moral pós-moderna. Hoje, realmente é dito como trabalhador aquele que ganha mais. É mais urgente ganhar bem do que ser simples trabalhador honesto e conformado. A ânsia do sistema capitalista digere somente o capital. Não há títulos de nobreza, ou você tem ou você não tem. Quase nenhum estudante vislumbra, hoje, estudar e depois ganhar pouco, pois a saída da distribuição capitalista é fazer a grande maioria ganhar pouco.

Reflexão

CAPITAL
CAPITAA
CAPITZA
CAPIEZA
CAPREZA
CABREZA
COBREZA
POBREZA

Somente trabalham aqueles que praticam a ideia de ganhar sem ao menos trabalhar. Hoje, a ideia é o fundamental: saber ganhar sem trabalhar. No Brasil há uma enorme quantidade de artistas que verdadeiramente não são artistas. São apresentadores, jogadores de futebol. A ideia de ganhar sem trabalhar é um fato comum entre eles; fazem um comercial de TV e ganham um enorme capital para isso. Não são artistas, são indivíduos que sabem explorar a própria imagem. E ainda há os que pensam que essas pessoas trabalham muito.

O capitalismo pós-moderno traz grande vantagem para quem sabe explorar a ideia, algo novo que ainda não foi usado pelo grande capital.

Reflexão

IDEIAH
IDEIAAAH
IDEIAAAAAAH
IDEIAAAAAAAAAH
IDEIAAAAAAAAAAAAH

O que é praticado usualmente já está desgastado pelas grandes corporações. O que resta são ideias novas. Somente consegue revolucionar aquele com ideias nunca antes testadas. Hoje é o estado de ideias novas que consegue alavancar o trabalho sem expectativas de esforço.

Reflexão

É a proporção do pensamento com substância e sem substância. Aquele que evolui sabe onde está o espaço branco, sabe que as partes conseguem formar um espírito ofensivo. Áspero por dentro e liso por fora. Algo como dar ideias para as nuvens, para o céu, para as estrelas e para o sol.

Surge no sistema pós-moderno uma agressão entre Deus e os homens, trabalhadores sem trabalho. Já não existe o direito ao trabalho. Parece ser este tempo pior que a Idade Média, pois então o trabalho era comum para todos os plebeus. Hoje, o comum é o trabalho ganhar um aspecto de mordomia para alguns, já que o trabalho parece ser escasso. Esses indivíduos sem trabalho conseguem estar abaixo da linha que separa o plebeu do escravo, afinal o escravo tinha direito à moradia e à alimentação, já o desempregado não possui nenhum desses direitos. É como se o Estado inventasse uma forma de restringir a liberdade de alguns, visto que, mesmo possuindo todos seus direitos cívicos, eles não conseguem a liberdade moral. Ou seja, não possuem uma forma de renda para satisfazer os aspectos mais simples da sobrevivência. A liberdade somente pode ser considerada como tal quando todos os desejos podem ser satisfeitos. Logo, pensa-se na possibilidade de uma liberdade maquiada. Ou seja, todos podem tudo desde que tenham capital. Então pra que serve a liberdade do liberalismo? Se o capital é a essência da liberdade, para alguns é melhor ser escravo do que ser um desempregado.

Dessa forma, a liberdade não pode ser encarada como tal, pois a novidade da nova ordem é apenas o sacrifício possível para o capital. Há aqueles que pelo capital fazem enormes sacrifícios e aqueles que fazem sacrifícios menores. Exige-se da maioria uma grande capacidade de sacrifícios para obter o menor traço da liberdade.

Assim, pensa-se cada vez mais na ideia de um Deus único e provedor que esteja perdendo seu contato com a humanidade. Com Deus parece ser tudo garantido, apesar de vã esperança, porém esse Deus era mais aceito nos séculos passados. Perde-se então a confiança que era primazia para atar Deus ao trabalho. E como dizem: cabeça vazia, oficina do diabo. Logo, sem trabalho, maior a capacidade de crimes.

Reflexão

DEUS = TRABALHO

Esta é a capacidade maior do homem, sentir os aspectos divinos de um ser superior, pois o trabalho leva o indivíduo a crer na esperança. E sem a esperança não há como acreditar em Deus, pois somente a esperança pode elevar o espírito para algo como a felicidade.

Reflexão

A imaginação é querer paz de alma num sentido em que somente o pensamento consegue atrair. É como se as mensagens fossem a medida escondida entre o céu e a terra. Ou o abraço torna-se partícula ou a indiferença torna-se perpétua.

O trabalho é a possibilidade da lógica ser o princípio de retorno ao ardente Senhor dos Céus. Açúcares de rosa somente para quem precisa do máximo da imaginação.

Como dizem por aí que estamos vivendo na Idade do Conhecimento, cada vez mais Deus começa a ser questionado por suas regras. Tanto o Deus católico quanto o Deus protestante estão sendo vigiados por causa de suas posturas. Cada vez mais questiona-se a existência de Deus. Parece que as pessoas deixaram de acreditar na esperança. Somente acreditam em Deus aqueles que possuem esperança, a "última que morre". Apesar do conhecimento trazer à tona questionamentos mais eruditos, acreditar em Deus serve como um parâmetro de como o indivíduo enxerga o mundo. O conhecimento eleva o pensamento, mas para Deus todo conhecimento parece equiparável. Tanto um erudito como um lavrador têm suas poucas regras sobre a existência divina. Às vezes, pode-se cair na rede em que o conhecimento leva a crer na não existência divina. Para equilibrar as forças devem pensar em Deus somente aqueles que vivem de esperança, aqueles que sofreram injustiças na vida, pois é nesse instante divino, no qual o indivíduo precisa da felicidade, que ele consegue almejar apenas um sonho invisível, ou a ideia de Deus como fator que torna o sonho mais realizável diante da vida.

Precisa-se sempre de algo para ser feliz. Não há como sair dessa constante. É por isso que os pobres conseguem aceitar mais facilmente a existência divina, pois eles sempre estão precisando de algo, e às vezes sofrem injustiças. A falta das coisas, ou de tudo, torna a vida do mais pobre quase irrelevante. É por isso que Deus (esperança) é muito mais aceito pelos pobres.

Reflexão

RICO

DEUS

POBRE

É por isso que a política precisa ser mais aceita pelos pobres. Os ricos sempre se servem da política como pilastra para suas realizações. É por isso que o rico tem dificuldades de aceitar as religiões, pois ele já se serve dos prazeres terrenos. São poucos os ricos que aceitam que durante sua vida há grandes erros que derrubaram facilmente sua integridade moral. Os ricos, pela facilidade de recursos capitais, conseguem manter sua integridade moral sem precisar de tamanha fortaleza exigida pelos mais pobres.

Reflexão

Propor a sombra como vermelho do verão é propor que o amor anoiteça. É a única verdade da palavra, é o surgimento do vento antigo que sopra a vaidade para a aflição. Deve-se ser agulha antes de ser o furo. Deve-se ser apaixonante antes de ser o zero. É assim que toda tirania começa a respeitar o soldado, quando o vidro quebra numa mudança tardia.

Política não é somente rugosa, ela pode ser lisa quando o mal é alcançado.

Outro grande problema político, que distancia a realidade da utopia, é a contínua devastação de áreas naturais. Ou seja, a natureza cada vez mais vem perdendo sua força diante do homem. A natureza consegue fazer o homem enxergar o cosmo, pois ela é parte do cosmo. É impossível acreditar na vida sem acreditar na natureza. Ela se fez antes do homem, por isso ela é reveladora das possibilidades da utopia. Não se pode pensar na utopia (o elo entre Deus e o homem) sem antes pensar numa natureza forte e exigente.

É somente diante da natureza que podemos conseguir ouvir o silêncio, pois a cidade é ruidosa e estrondosa. Não há a possibilidade de ouvir o silêncio do universo numa cidade.

O silêncio é importante condutor de sanidade que serve para esvaziar as correntes de perturbação própria do homem pós-moderno. O silêncio é fonte inesgotável de sanidade, as percepções do mundo invisível tornam-se mais serenas. O silêncio da natureza reafirma o homem para renovar suas constantes virtudes. Ele consegue desligar ou interromper a fatia do processo de sofrimento que se resolve dentro de si, por isso a natureza precisa estar intacta para que esse homem não enlouqueça. O tempo dentro da natureza parece ser mais longo, pois o cérebro, dentro dela, não é saturado com tantas possibilidades de informação. Ela alivia as percepções cansadas de informações na cidade. A natureza faz parte do que há de mais verdadeiro na construção do universo. Perdê-la é como perder parte da vida. Todos os componentes da natureza servem para regular a vida. Sabe-se que não haverá vida sem o sol, como também não haveria vida sem a água. Por isso é que todos os componentes da natureza são essenciais. Perde-se muito quando um rio morre, perde-se muito quando uma floresta é devastada. A vida só existe porque isso existe. Não se pode deixar que a ganância de alguns consuma o real valor da natureza.

Reflexão

N A m T o U r R t E e Z A

Deve-se interromper o ciclo fechado de destruição, ou a pena será o fim de tudo. O conhecimento parece não acompanhar a velocidade da destruição. Deve-se ter compaixão pelo que existe de mais natural na Terra. Este planeta possui vida porque há ainda os elementos naturais da vida.

Reflexão

O sobreceleste existe para o silêncio vindouro do espírito, como se fosse o vaivém da água, o elemento do agora, o elemento da bênção. Ou acredita-se na tradição da água ou o mundo será a antiguidade da palavra. Uma vontade sem vocação. Um título recebido por todos os tiranos sem imaginação.

A facilidade com que o homem destrói faz pensar que a vida algum dia realmente se esgotará na Terra. A destruição impulsiona o homem para o amor. Parece que para amar precisa-se da destruição. O mundo pode ser todo pavimentado para garantir a facilidade da sobrevivência. Perde-se o contato com a terra, essencial para a descoberta dos sonhos da vida. A terra dialoga com o homem, traz percepções inexistentes na cidade. O amor à terra precisa ser preservado, pois ela é a fonte de todas as coisas. O homem precisa da terra para tudo, inclusive para ordens do espírito. O contato com a terra traz a imaginação da liberdade no cosmo, é como se o homem fosse apenas um. A terra é o chão sem vaidades, é pertencer somente à natureza. Esquecer a cidade faz bem pro espírito, sempre marcado pelo apetite voraz dos cidadãos. Veja o quão importante é sentir o peso do planeta, às vezes, a paz é melhor entendida com os pés sobre o chão de terra. Parece que se perde um pouco o medo da vergonha; parece que as paixões se encerram ao tocar-se com o pé o chão da terra; parece que a liberdade pode ser imaginada. A terra faz parte da arquitetura de algo que não conhecemos, tal como descobrir o que não se pode descobrir. Sabe-se que todos pertencem a ela, mas mesmo assim todos preferem ignorá-la, como se ela fosse arquitetura de menor grandeza. É preferível o azulejo ao chão de terra... e assim vamos construindo nossa própria arquitetura, e aos poucos encerrando a vida no planeta.

Ignora-se também a força da água como conservadora da vida. Em algumas grandes cidades a água está escasseando, porque ninguém dá valor para a singularidade da água. Como ela parece ser de fácil acesso, poucos dão valor a sua materialidade. A água, juntamente com a luminosidade do sol, talvez seja a fonte mais importante da vida. A água, se percebermos bem, apresenta uma certa magia por ser tão inigualável no cosmo e por ser tão desejável.

O que existe é um valor maior dado às coisas fabricadas pelo homem do que às coisas fabricadas pela natureza. O que é fabricado pelo homem pode ser dispensável para a regulação da vida. Inverte-se sempre a importância dos elementos. Podemos acreditar numa disputa agressiva pela água em pouco tempo.

Reflexão

Agradecer a água seria mais sincero do que agradecer aos Céus, ela possui o antes e o depois. Ela tem afinidade com a tradição e com o trabalho. Água para o vento é chuva bem antes do sobrenatural. A constelação brilha quando a água faz parte do tempo. Assim nunca se esquece de que os elementos da vida tem o silêncio semibranco.

Rimas para um segredo qualquer pode ser a água, tão mágica quanto a aparência transcendental. O amor não é flagrado pela venda e nem pela compra, mas pela sua necessidade eterna, assim como a água.

Deve-se dizer o quão esquecidos são os elementos que regulam a vida. Deve-se aprender que a Terra é extensão de nossa casa, ela é verdadeiramente o grande suporte da vida. Da forma que tratamos a natureza, os animais e os rios, parece haver algum tipo de animosidade em nossos corações. Aquele que não sabe amar a natureza não sabe amar a si próprio, pois a natureza é a redescoberta de que existe algo (imaginação) fora de nós. Podemos nos comunicar somente com o exterior, e esse exterior fundamental está na natureza. Todos na cidade, quando apresenta-se uma floresta ou mata, parecem pensar que já conhecem tudo (já dominam tudo). É como se os milhares de objetos existentes na cidade fossem mais difíceis de ser dominados do que a natureza. Como a civilização domina com mais facilidade a natureza, então o nosso "eu" participa dessa dominação. Logo, a natureza parece não ter nada a ensinar. Engano! Ela é como uma boa mãe que dá tudo o que tem para o filho ser feliz. Por isso, muitas vezes, o homem parece sentir a vontade de estuprá-la. Sente a necessidade de ter mais do que convém. Deve-se entender que quando há uma relação entre dois lados, nenhum lado deve destruir o outro, pois assim não haveria a relação (vida). Entende-se que conseguimos ser mais fortes do que ela, porém, entende-se também que a natureza nunca foi uma inimiga. Fica claro, então, que o homem não mudará, a quimera da ganância precisa ser saciada, precisamos muito mais do que a nossa mãe natureza nos dá.

E essa incomensurável ganância parece ser o ponto final da Terra. Deve-se ao menos estipular um teto de riqueza para os indivíduos, pois quanto mais se tem mais se quer. Declaro o teto de riqueza, pois sem isso a destruição da Terra pode ser o triste fim da humanidade. Há homens com bilhões de riqueza. O único motivo para tanta riqueza é exclusivamente a dominação. E tanta riqueza assim pode ser entendida como uma grande parte de destruição da natureza.

Declaro aqui que deve haver um teto de riqueza, um valor máximo que um indivíduo pode ganhar. Isso desaceleraria a desigualdade no mundo. O teto de riqueza seria bem-vindo em sociedades declaradamente desiguais. E é facilmente entendido que há um teto de consumo para os indivíduos, às vezes poucos ganham tanto que gastam menos do que os outros que ganham menos.

Teto de riqueza para a sociedade...

Reflexão

O aquário está cheio excessivamente. Parece ser a vanguarda, apenas o vale-tudo pela traição ao tilintar natural do sobreceleste. Todos fogem do zero, e a natureza, única salva-vidas, parece doar a primavera para o sabor da ganância.

É a sobrecarga da utopia com vaidades vendidas para o prumo do verão. A proximidade com a essência da Terra está em ruptura com o revés singular. Amar não é mais amanhecer, amar parece ser uma tendência de tirar a seiva da terra.

É inegável a vontade de estuprar a Terra que o homem adquiriu durante os anos. O ciclo fechado da destruição parece ser a única alvorada dos seus. Entende-se que todos precisam de riqueza, é somente com ela que se consegue viver bem. O grande problema da sociedade é que todos passam por cima de tudo para viver bem. Assim, a natureza vai conquistando seus inimigos. Ela não tem como se salvar.

Há vários exemplos de como a Terra é estuprada. Quando se encontram jazidas de algum minério importante na economia, aquele lugar é amplamente devastado. A natureza parece não ter saída. E os homens sempre vão explorar um lugar onde exista um minério importante. Com o inchamento da população de algumas cidades, precisa-se de energia; no caso do Brasil, energia hidrelétrica; com isso assiste-se à destruição de um rio e da natureza local. Com o aumento da população, a especulação imobiliária aumenta a destruição do território de uma cidade, o verde fica cada vez mais raro. Sem dizer que a grande indústria madeireira precisa de árvores nativas para fazer girar seu capital. Ou seja, a todo instante o homem estupra a Terra pelo capital. E não são somente os grandes, pois a maioria que compra ou serve-se desses produtos também ajuda a devastar o planeta. Sem dizer que há também a destruição da fauna em massa. Matam-se baleias e golfinhos para o mercado de cosméticos. A indústria parece devorar qualquer tipo de animal para o lucro, assim como fazem as indústrias alimentícias.

E existe o freio para isso? Talvez as regulamentações da ISO. Mas não é o bastante, por isso todos devem se preocupar. Deve-se pensar em reciclagem mais do que tudo. Cuidar somente do que já destruímos, e mesmo assim não é o bastante para a voracidade do capital.

Reflexão

CAPITAL

CAPITAL CAPITAL

CAPITAL CAPITAL CAPITAL CAPITAL CAPITAL

CAPITAL CAPITAL CAPITAL

NATUREZA

NATUREZA

NATUREZA

NATUREZA

NATUREZA

Essa é a árvore do ciclo fechado da destruição. Nem a educação dos mais jovens parece responder ao consumo excessivo (sociedade de consumo). O importante, que deveria ser regra para todos, seria consumir pouco. A regra de ser pelo que temos deveria ser afastada dos pensamentos. Parece ser ao menos assim... ou destrói-se tudo ou destrói-se tudo... A única verdade que podemos concluir sobre a existência do ser está na verdade da natureza.

Reflexão

O pátio está cheio de crianças, e elas parecem querer brincar com tudo. Parece ser a procura do espaço branco, do espaço vazio e do espaço da morte. Ninguém parece ter o peixe, ninguém parece ter a antemanhã. Todos parecem ter somente as frases de piedade. As possibilidades do machado valem mais do que o ar que respiramos.

Salientando as guerras do Afeganistão, Paquistão, Somália, Iêmen, Faixa de Gaza e Sri Lanka, há hoje um total de 31 conflitos violentos no mundo e 7 guerras de importância mundial. Entre guerras, conflitos mais violentos e guerrilhas, os especialistas reconheceram ao todo 365 conflitos.

Com tantos conflitos existentes no mundo hoje, há ainda quem acredite na paz? Creio que seja difícil. O homem é naturalmente dotado para a guerra, seu instinto de sobrevivência age dessa maneira. Se hoje alguém precisa levantar bem cedo e cumprir seu trabalho com extrema perfeição e profissionalismo, esse indivíduo está indo para a guerra entre ricos e pobres. Não existe nenhum ser no planeta que não esteja enraizado em alguma guerra. Até os religiosos têm a missão de provar que sua religião é melhor que a do outro. É do instinto humano a sinergia com Marte, o deus romano da guerra.

Todos estão numa guerra diária, os ditos pacíficos estão normalmente enraizados numa guerra social, racial, sociopolítica, religiosa; há até mesmo guerras esportivas. Não há como varrer do pensamento humano a vontade da guerra. Até mesmo pelo amor há certas disputas, a vontade de sobrevivência exige a palavra guerra. Se cada indivíduo resolvesse anular seus próprios instintos pela disputa, todos morreriam. Certamente no pensamento pós-moderno os mais fracos são aniquilados facilmente. Não esqueça que no capitalismo selvagem até mesmo numa mudança de pensamento surge um conflito entre partes.

Então, seria bom entender a guerra, começando pelo seu deus romano, Marte.

Diz a mitologia que quando Marte aparece no Céu com sua lança e escudo, e grita um pavoroso estrondo chamado guerra, os homens ficam apavorados e as mulheres choram. Nesse instante a única medida a tomar é rezar para sua irmã, Minerva, deusa da sabedoria, segurá-lo. E o melhor de tudo é que ela quase sempre o segura. É que Marte adora a guerra; a guerra para ele é uma brincadeira de criança. E se Minerva não segurá-lo, ele destrói o mundo existente. A guerra é a paixão de Marte, ele possui uma vontade avassaladora de destruir todos os homens. E essa vontade parece existir em todos, em alguns mais e em outros menos, mas todos, algum dia, já pensaram em derrubar alguém. Somente a guerra consegue fazer isso.

Reflexão

O príncipe anticristo consegue anoitecer a palavra antiga, enquanto isso, o princípio torna-se absolutista. A guerra surge do zero, do vermelho e do sol quadrado. Melhor do que a guerra somente o silêncio da utopia. E não haverá utopia sem a guerra. O príncipe tem que buscar a lógica sempre, pois a princesa nasceu do pré-romantismo e do produto. O pastor sabe que sim, por isso resolve levar suas ovelhas para um campo de paz de alma e de imaginação.

Sabe-se que, no mundo de hoje, é impossível a sobrevivência se não houver no indivíduo o menor ímpeto pela guerra. Deve-se aprender com Marte e com Minerva; Marte seria aquele ímpeto avassalador pela disputa, e Minerva seria o que chamaríamos de estratégia ou diplomacia. Todos, no fundo de seus desejos, possuem uma vontade de conquistar algo, e para conquistar deve-se entender que é preciso gostar da guerra. Constantemente precisamos vencer algo, às vezes pode ser uma muralha robusta, outras vezes um minúsculo muro, mas todos precisamos vencer algo. Por isso, para comandar batalhões, é preciso imputar disciplina aos seus soldados. Todo princípio de estratégia requer a disciplina, sem ela não há como objetivar um algo. Quando você organiza em torno de si uma disciplina, suas chances de vencer aumentam consideravelmente diante do indisciplinado. Por isso Minerva existe, pra você vencer a guerra com poucas dificuldades. Porém, também facilita se tiver do seu lado o instinto corajoso de Marte. E não adianta encarar a vida como um mar de rosas e muita paz. Todos um dia terão que enfrentar uma guerra, ninguém passa pela vida sem encarar um conflito. Amor e paz servem apenas para os dissimulados. A guerra faz parte frequente de um mundo pós-moderno e cada vez mais acirrado. A guerra evocada aqui não é a guerra por sangue ou por morte, mas uma guerra que acenda uma vontade pela vida.

Claro que a paz é o que a maioria busca, mas não é fácil encontrar essa paz, por isso, diz-se que é preciso fazer a guerra para se alcançar a paz.

Reflexão

PAZ = GUERRA

O que acontece é que as pessoas acomodadas estão seguras, pensando que gozam de completa paz. Mas isso não é verdade. Ao sair para a rua com o intuito de comprar pão e leite, você pode ser surpreendido por uma guerra urbana, quase uma guerra entre ricos e pobres. O seu filho pode ser assaltado, sem falar nos perigos do trânsito. Nada, nem ninguém, vive em completo isolamento do que acontece no mundo. A chama da guerra entre os homens está sempre viva. E muito menos qualquer religião conseguirá acabar com a guerra permanente que sempre existiu e sempre existirá em todos os cantos do planeta.

Reflexão

A guerra pode ser letal, mas a coragem tem valor maciço para a verdade. As frases da rapacidade conseguem encarar melhor o lado ofensivo e oculto. A vontade pode ser multicor, mas a mudança somente tem a cor escura como amor perpétuo ao que a justiça chama de lógica. Somente quando a consciência está livre é que a nuvem consegue mais água para os mares de mensagens.

Um tipo de guerra, que faz parte do cotidiano de cada um, e da qual ninguém consegue se isolar, é a guerra ideológica. Esse tipo de guerra pode colocar o indivíduo no topo do Céu, como pode também levá-lo às profundezas do inferno. A guerra pela ideologia faz parte da vida de qualquer um, ninguém consegue ser alheio a ela. E em muitos países consegue-se evocar disputas acirradas e até disputas armadas. Além de racista, a Segunda Grande Guerra Mundial também foi ideológica. Se você se coloca à direita do espectro ideológico, você é um típico conservador, mas se você se coloca à esquerda, você é um típico revolucionário, ou seja, quer mudanças. Na maioria dos países ocidentais, a disputa ideológica possui essas duas vertentes. Não há como fugir de uma guerra ideológica, pois é dela que se vive, é dela que se compra o leite, é a partir dela que você coloca o seu filho na escola, ela é mantenedora da vida sociopolítica do país.

Por isso reafirmo que não existe homem algum que não se depare com uma guerra. Todos, ao menos uma vez, precisam evocar Marte.

Reflexão

Tudo no mundo é igual à guerra.

Mesmo assim, não é preciso esconder as crianças no sótão e empunhar uma arma de fogo. Mas é preciso estabelecer princípios e vontades para encontrar realmente o que se quer. Logo, se você quer ter uma vida mais prazerosa, terá que encarar a sua guerra. Pois outros (inimigos) já estão fazendo isso há bastante tempo.

Reflexão

G
U
GUERRA
R
R
A

Há de se lembrar que ninguém obtém a paz sozinho, cada um precisa do outro para a realização da paz. Um indivíduo somente existe quando na presença do outro. Não adianta refugiar-se numa ilha deserta, pensando que encontrará a paz. Você não vai encontrá-la assim, porque você deixará de existir para os outros. Todos precisam de todos para a existência pura da realidade.

Reflexão

G GG GGGG
U U U U
E E E X EE E
RR R RRRR
AAAA AAAA

Reflexão

Uma partícula pode tornar-se absoluta se o espaço tornar-se partícula. É como dar o primeiro passo para a procura da piedade e da mudança. O amor pode ser o paralelo ao que ruma para o negativo. Por isso a antemanhã deve levar a brisa da lógica sem perdão e soprar mais brisa da imaginação do dia. A maturidade somente vem quando somos príncipes dos nossos pensamentos.

Outra guerra, que no mundo ocidental é comum e frequente, é a disputa de riqueza. Essa parece ser uma guerra mais amena quando o indivíduo não é dado para as coisas materiais, mas para os mais pobres ela é bastante importante, pois os mais ricos sabem absorver riquezas com bastante facilidade, e isso dificulta a sobrevivência dos mais pobres, que devem sempre estar ligados na guerra diária da sobrevivência. Os mais ricos disputam entre si para celebrar o mais rico, e assim a sombra da miséria paira sobre muitos. Cada país tem sua própria riqueza, o que resta é a disputa por ela. Os mais pobres devem ter a consciência de que a facilidade dos mais ricos assola o leite de seus filhos. Deixe de lutar pela guerra da sobrevivência (riqueza) por um instante, e logo perceberá que a vida poderá ser bastante penosa, pois você deixará de fazer a regulação das funções de seu corpo, enquanto os mais ricos disputam uma leve partida de golfe.

A guerra pela disputa de riqueza também pode ser ideológica, pois é mais provável que o mais pobre seja revolucionário e o mais rico conservador. São leis que não podem ser afastadas da vida comum de um indivíduo, pois nelas estão contidas as forças para a sobrevivência. O que, às vezes, encontra-se é um pobre conservador e um rico revolucionário, mas estes são a minoria, o primeiro é conservador por patriotismo, o segundo é revolucionário por caridade.

Os mais ricos tendem a fazer amizades por interesse e com isso sentem a necessidade de ser avaros, já os mais pobres tendem a fazer amizades perfeitas e com isso tendem a ser mais liberais com o dinheiro. É por isso que muitas vezes os mais pobres se sentem num Céu, enquanto os mais ricos presenciam somente o interesse ao redor, pois amizades por interesse são desgastantes, e as amizades perfeitas são prazerosas. Essa é a única diferença em que a riqueza torna-se dispendiosa. E todos precisam do outro para a existência do próprio ser.

A guerra de disputa da riqueza pode ser encarada como uma guerra natural, desenvolvida a partir do século XVIII, com base no liberalismo. Antes não havia mobilidade social.

Reflexão

A seda pode ser usada por todos, mas alguns sentem por ela agonia. Por isso torna-se apaixonante a agonia da vaidade que se preza da varinha de condão para ser princesa. É por isso que o anticristo nasce, pois da antiguidade é que nasce a primavera.

A ruína é a sobrevivência da saudade sem o sabre. É como se a quantidade fosse a maior punição de um medo sagrado. O trabalho nunca foi tirania, mas a língua sem ternura consegue ser. Por isso, mais palavra de gratidão do que a palavra do zero sem o anoitecer. Aprender é melhor do que o quádruplo do sangue próximo ao vermelho.

Da disputa pela riqueza pode-se aceitar duas ideias: Deus quer o indivíduo rico ou Deus quer o coletivo unido. Torna-se bastante interessante que esse Deus tenha sua preferência de acordo com as riquezas. É dito que a farta riqueza natural que foi realizada diante da criação do mundo tenha sido realizada por Deus ou por qualquer força cósmica. Para um mundo materialista, o indivíduo busca através de si uma parte da riqueza do planeta. Se Deus compartilha da ideia de felicidade individual, logo ele quer premiar ou considerar alguns, pois se o indivíduo sente a felicidade apenas através de bens materiais, ele busca a riqueza através de seu íntimo espiritual. E parece ser essa a resposta da maioria que disputa pela riqueza. Quando o "eu" íntimo deseja algo, esse algo torna-se ilusão num mundo invisível. Parece ser o elo com o mundo espiritual, por isso o indivíduo cerca-se de um contato do desejo junto ao que ele entenda que seja Deus.

Para alguns é fortuito acreditar que Deus realmente quer que sejamos ricos de bens materiais, pois até evocam Deus para essa realização, porém, para que haja o rico, é preciso haver o pobre. É comum aceitar esse fato, pois é possível constatar, ao olhar ao redor, que esse Deus parece não querer a riqueza de todos. É acertado que para haver o rico precisa haver o pobre. Se todos fossem ricos, logo deixariam de ser ricos, pois não haveria a oportunidade de um certo tipo de envaidecimento diante do outro.

Se Deus quer o coletivo unido, ele não estabeleceria a riqueza para alguns e a pobreza para outros. Talvez assim fosse mais fortuito deixar de estuprar a Terra. Há quem considere que a esquerda ideológica (por meio do comunismo) consiga esse efeito, mas em sociedades onde o capitalismo foi bem desenvolvido há uma menor diferença entre ricos e pobres. Como o comunismo perdeu sua força nos últimos tempos, há de se pensar que o uso da igualdade através da arbitrariedade seja um pensamento falível, pois os pobres querem essa igualdade, porém os ricos a temem. Deve-se então priorizar a busca mais natural dessa igualdade, sem o uso da arbitrariedade. Uma das maneiras que pode ser considerada natural é a sociedade priorizar a força do uso político, ou seja, ela precisa ser politizada. Como em países subdesenvolvidos há uma maioria pobre, são eles que precisam buscar a mudança, pois os ricos são bastante politizados. Se essa maioria pobre fosse realmente politizada, em um certo tempo ela conquistaria maior igualdade.

Fica entendido que principalmente os mais pobres precisam ser politizados se quiserem a igualdade na sociedade. Todos devem saber que a política pode transformar pequenas estruturas para os menos politizados e grandes estruturas para os mais politizados. Aqueles que contam somente com a riqueza podem perder a força diante daqueles que são mais politizados. Assim, se houver um rico pouco politizado e um pobre muito politizado, esse pobre seria mais forte na disputa pelo poder. Por isso, usualmente, os ricos não querem que os pobres sejam educados. Isso é mais facilmente compreendido em sociedades onde a desigualdade é mais constante.

Reflexão

A agulha possui uma aflição ao perfurar a tirania com vacina. Por isso há a bênção pela vontade, é como ser o último dos últimos para conceber o sobrenatural. É a tradição de vender o que sempre foi vendido, é como se o vilão fosse mais vaidoso do que o herói.

O silêncio é mais preferível do que a arte da sobrevivência, somente no silêncio encontra-se a imaginação de paz. No silêncio o ti-ti-ti decai na vanguarda da morte.

O que se chama de mazela existe para a maioria da sociedade e, talvez, a prostituição seja uma delas. Ela é considerada por muitos um mal, pois nenhum pai deseja isso para uma filha. Ou seja, para a maioria das famílias ter alguém que vive da prostituição seria um descalabro. Portanto, se as famílias, que são pequenos conjuntos da sociedade, não admitem essa postura para suas filhas, logo esse pensamento é um bem comum entre todos. Ou seja, é como se fosse o verdadeiro pensamento de um Deus castigador. Portanto, parece que Deus (todos) está pronto para castigar suas filhas que vivem na prostituição.

Queiram elas ou não, de alguma forma serão castigadas em vida. Não há como haver completa paz de espírito contra os pensamentos dos outros, pois são desejos de castigo. Naturalmente, então, Deus pode até ser perdão, mas o pensamento da maioria quer repelir a felicidade daqueles que tiveram uma vida considerada errada pela sociedade. Percebe-se facilmente isso quando notamos que em muitas mulheres prostitutas há um certo tipo de arrependimento. Poucas conseguem chegar à velhice e ainda bater no peito com orgulho dizendo que é prostituta. Além disso, a grande maioria vive no anonimato e não se declara abertamente como prostituta. Portanto, a prostituição não deve ser considerada uma profissão, pois se até as próprias não sentem orgulho no que fazem, então não existe a possibilidade de que esse trabalho seja digno. Isso é facilmente perceptível se você comparar a prostituição com a profissão de vendedor ambulante, pois para esse também há proibição pelo Estado, porém, a maioria desses vendedores sente orgulho do que faz.

Reflexão

O amor não pode ser comprado ou vendido, pois o amor não é sexo. O amor também não é algo.

O vale antigo ainda é sobrevoado por abutres do medo apaixonante. Voar é somente para aqueles que possuem o sobrenatural no verso do próprio coração.

O sexo é considerado pela grande maioria, principalmente pelos homens, como um sumo bem, como a maior fonte de prazer. Sendo assim é visto pelo mundo moderno como essência para uma vida feliz. Porém, nem todos são capazes de conquistar o sexo oposto, por isso às vezes se valem da prostituição. Deve-se logo considerar que o trabalho da prostituta tem uma importante valia para a sociedade, mesmo que a própria sociedade recrimine os seus resultados. O uso excessivo e a propagação do sexo parecem orientar o indivíduo para prazeres, às vezes não encontrados no casamento e nem em um concubinato. Por isso é que a prostituição parece ter alguma valia para quem faz uso dela. Deve-se entender que o sexo tornou-se banal no mundo moderno. O que antes parecia vir com um casamento idealizado, hoje vem de maneira mais simples. O sexo é a fonte para o homem idealizar seu poder diante dos outros. É por isso que a prostituta parece alavancar o poder sem a necessidade do uso do casamento. Portanto, deve-se pensar também que a prostituta parece ser mais vítima da sociedade do que o contrário, pois as mulheres também são influenciadas pelo jogo do poder pelos homens. As mulheres também sentem, desde bem cedo, a vontade de dominação. Elas querem viver tão bem quanto as mulheres ditas certas. E, às vezes, encontram essa força de dominação somente através da prostituição.

Deve-se inferir também que o amor é diferente do sexo. O amor é uma paixão e o sexo é um ato de prazer. Por isso os mais virtuosos preferem o amor e os mais viciosos preferem o sexo. O sexo é bem-vindo para muitos quando não há nenhum sentimento correspondente. A preferência dos viciosos pelo sexo é que este é uma fonte de prazer e de poder, ele limita a capacidade de fraternidade, pois aquele que é envolvido pelo sexo tem uma maior força para desprezar. Ele possui maiores desígnios para atingir o outro, pois como não se vale do amor, logo prefere o ódio como orientação da própria vida. Pois aqueles que preferem o amor se valem de tudo que fazem para proteger quem eles amam. Aqueles que se valem do amor precisam entender que esse sentimento não é tão sobrenatural assim; o amor muitas vezes aprisiona outras vontades, pois deve-se abdicar de muito para amar o objeto amado. E assim, o amor pode ser mais ostentação do que equilíbrio e harmonia.

Reflexão

Quem salta sobre a harmonia quente deve saber que a aflição é universal. É como ter vontade de triunfar sobre o revés. Precisa-se de muitos para derrubar a lógica da rocha maciça. Por isso o anoitecer somente existe para aqueles que conhecem o anticristo depois de conhecer Cristo. Pois o amor pode ser uma aquarela que nada vale.

Muitos consideram Deus um ser com várias atribuições. E a grande maioria o considera dotado de todas as virtudes, por isso o homem tende a buscar Deus, tentando se qualificar com tais virtudes. Como a totalidade de indivíduos considera Deus algo parecido com o bem na essência, pode-se considerar que Ele é mais amor do que ódio, visto que quando as pessoas se valem de Deus, na maioria das vezes é para buscar algo parecido com o amor. Se Deus não é amor, então Ele não existe para nossa vontade, porque o amor é a grande chama que a maioria prefere. A maioria quer viver sob o amor, até os ditos maus também querem o amor para si. É do amor que se busca a perfeição, ou seja, um mundo igual e generoso. O amor parece ser a única chama que todos buscam a qualquer preço e a qualquer custo. Por isso, algumas vezes, o amor pode ser chama de destruição. Como ele faz parte dos desígnios de cada indivíduo, ao pensá-lo na totalidade ele pode destruir, as guerras podem ser um exemplo disso. Às vezes, é preciso pensar mais sobre o amor, porque grande parte das dores e dos sofrimentos da maioria dos indivíduos é causada pelo ímpeto que o amor pode provocar. O amor está presente na individualidade de cada um, e como não há a perfeição no mundo, torna-se um catalisador de grandes infernos para a maioria. Engana-se aquele que considera o amor uma perfeição, o amor não é uma perfeição. Mesmo ele sendo um sumo bem, pode deflagrar o seu contrário. É por isso que muitos somente conseguem enxergar o amor em Deus, pois ninguém entende que alguém possa ser dotado de todo amor, para isso surge a vontade da existência divina.

A esperança surge quando não há mais harmonia no mundo, quando uns desejam e não alcançam, ou esperam em demasia. Por isso Deus também pode ser confundido com a esperança. É a espera de algo que traga o bem. Nisso, Deus também é esperança, pois quando tudo acaba, quando tudo está no fim, ainda vaga-se por esperança. Assim, quase todos acreditam em Deus, pois todos têm dentro de si a chama da esperança. Quando alguém acredita no bem, logo ele passa uma parcela de sua crença para Deus. Enquanto uma minoria não acredita em Deus, uma maioria acredita, e essa maioria dita que Deus é o bem. Se a minoria que não acredita sente simpatia mais pelo bem, então pode-se considerar que ela acredita de forma indireta e simplificada.

Reflexão

A agonia pode ser a palavra absoluta para quem quer ser silêncio. Por isso a agonia é o tempo da rocha. Rocha que não deve quebrar diante da rosa-rubra, pois todos são mais fortes do que todos. Quem não consegue alcançar a constelação nunca abriu os olhos diante do céu noturno. Sobreviver também pode ser sobrenatural se o anoitecer for o agora e o amanhecer for sempre todos os dias.